AF190073

Jutta Baur

Nur kein Stress

Wie Sie Ihrem inneren Antreiber ein Schnippchen schlagen

Bibliografische Information der Deutschen Nationalbibliothek:
Die Deutsche Nationalbibliothek verzeichnet diese Publikation in der
Deutschen Nationalbibliografie; detaillierte bibliografische Daten sind im
Internet über http://dnb.dnb.de abrufbar.
ISBN: 978-3-74482-264-0

Umschlaggestaltung: Inga Lämmlein
Umschlagbilder: Roman Dekan - @Fotolia.com

Lektorat: Anne Paulsen, Aurich

Herstellung und Verlag: BoD – Books on Demand, Norderstedt

INHALT

Ein paar kleine Worte vorab

Bevor wir loslegen, möchte ich Ihnen kurz erzählen, was Sie in diesem Buch erwartet.

Es gibt sehr viele Methoden, um den alltäglichen Stress irgendwie zu händeln. Fast jedes dieser Verfahren zielt darauf ab, die eigene Funktionalität zu erhöhen. Stets geht es darum, die Zeit effektiver einzuteilen, die Aufgaben zweckmäßiger zu erledigen oder sich selbst zu optimieren. Der Stress an sich wird dabei nicht in Frage gestellt. Er ist da und muss bewältigt werden.

…Dieser Ratgeber geht einen Schritt weiter. Er möchte Ihnen helfen, die Ursachen Ihrer ganz persönlichen Belastungen zu erkennen. Nur wer weiß, was den eigenen Stress auslöst, kann ihm mit den richtigen Mitteln begegnen oder ihm sogar bestenfalls vorbeugen. Besonders dabei unterstützt Sie das Buch. Ihre neuen Erkenntnisse stärken Sie, damit Sie im Alltag gelassener werden.

Stress ist eine ganze Ansammlung von Gefühlen. Beim einen steht Angst im Vordergrund, beim anderen Ärger. Einer fühlt sich geradezu gelähmt unter Stress, während der andere in pure Hektik verfällt. Jeder Mensch hat seine eigene Geschichte, die ihn auf seine spezielle Weise auf Belastungen reagieren lässt. Darum stehen Übungen und die individuelle Umsetzung im Vordergrund.

Ich verspreche Ihnen nicht, dass Sie nach der Lektüre des Buches stressfrei leben werden. Das wäre utopisch und sicher nicht wünschenswert. Was Sie jedoch mitnehmen, ist die Möglichkeit, kompetent mit belastenden Situationen umzugehen. Sie lernen, Ihre Einstellung zu ändern, mit neuen Verhaltensweisen auf Stress zu reagieren und damit einfach stresstoleranter zu werden. Zudem entlasten Sie Ihren Körper von stresstypischen Reaktionen. Die einzige Voraussetzung hierfür ist Ihre aktive Teilnahme.

Sie sind der Mensch, der etwas ändern kann!

1. Sind Sie gestresst?

Wenn man von Stress spricht, weiß eigentlich jeder, was gemeint ist. Sage ich Ihnen: „Ich bin total gestresst", dann sieht es so aus, als wäre das ganz klar und eindeutig.

Dennoch bemerkt man beim genaueren Hinsehen, dass jeder Mensch Stress anders empfindet. Aufgrund von Erfahrungen haben wir ganz unterschiedliche Auffassungen davon, was uns Stress bereitet und wie wir ihn persönlich erleben. Stress ist für jeden etwas anderes.

Der eine fühlt sich beispielsweise ängstlich und elend bei der Vorstellung, zum Zahnarzt gehen zu müssen. Er schläft schon Nächte vorher unruhig und hat auf dem Weg zum Termin Schweißausbrüche und zittrige Knie. Er spürt förmlich die Schmerzen, die er ganz sicher bei der Behandlung haben wird. Wenn er auf dem Behandlungsstuhl sitzt, ist er völlig fertig.

Den andern lässt das völlig kalt. Er gerät jedoch in heftige Anspannung beim Gedanken an die kleine Rede, die er zur Verabschiedung seines Kollegen halten soll. Allein die Vorstellung lässt seinen Magen verkrampfen. Er hat Angst zu stottern. Und je näher der Augenblick kommt, desto klarer wird ihm, dass er die Rede vermasseln wird. Schließlich steht er schweißgebadet vor dem Auditorium, und ihm versagt die Stimme.

Der Dritte wird nervös bei der Vorstellung, ein Flugzeug zu betreten. Er hat Herzklopfen und Angst vor der Enge. Am liebsten würde er sofort wieder aussteigen und auf die Urlaubreise verzichten. Er ist felsenfest davon überzeugt, dass der Flieger abstürzen wird. Während des gesamten Fluges ist ihm übel, weil er sein letztes Stündchen bereits geschlagen sieht.

Ob Arbeitsbelastung oder Termindruck, ob quengelnde Kinder oder laute Nachbarn – alles kann zum Stressor werden. Was die Erzieherin in einem Kindergarten kalt lässt, der Kinderlärm, bringt die Bürokauffrau möglicherweise an ihre nervliche Grenze. Ein Eventmanager erträgt Zeitdruck und von allen Seiten einstürmende Anforderungen auf andere Weise, als möglicherweise ein Pfarrer. Niemand ist gleich.

Sie sehen: Jeder Stress ist anders. Was für den einen eine Belastung ist, macht dem anderen Freude. In den meisten Fällen empfinden wir Stress als unangenehm. Typisch für ihn sind seine Auswirkungen auf Körper, Geist, Seele und unser Verhalten. Er erzeugt ganz elementare Reaktionen bei uns. Sie führen dazu, dass wir uns nicht mehr richtig konzentrieren können, dass wir Fehler machen, unleidlich werden und keine neuen Ideen haben, dass wir Kopfschmerzen bekommen, nicht richtig schlafen, mürrisch oder gereizt sind und uns unzufrieden fühlen. Je länger Stress anhält, desto mehr Platz in der Aufmerksamkeit beansprucht er. Er kriecht in alle Lebensbereiche. Wie ein Vampir saugt er an unseren Ressourcen. Im Tunnelblick gibt es nur noch das stressende Problem. Wir fokussieren uns völlig darauf. Dabei gehen Kreativität und Flexibilität flöten. Zuviel Stress macht das Gehirn ziemlich doof und die Laune mies!

Dabei ist Stress keine Erfindung des modernen Menschen. Bereits unsere Vorfahren in der Steinzeit kannten körperliche Stress-Symptome. Damals waren diese überlebenswichtig. Der innere Alarm hat den Steinzeitbewohner vor Tieren im Unterholz ebenso gewarnt, wie vor unfreundlichen Mitmenschen. Sobald etwas potenziell Gefährliches im Umkreis des Frühmenschen auftauchte, musste er entweder möglichst schnell die Flucht ergreifen oder kämpfen. Heutzutage geht es im täglichen Leben nicht mehr ganz so gefährlich zu. Unser Programm im Inneren läuft jedoch immer noch genauso ab wie zu Urzeiten.

Doch bleiben wir einfach beim Urmenschen, der irgendwo im Unterholz etwas rascheln hört. Aus Erfahrung weiß er, dass sich in dieser Gegend hin und wieder Säbelzahntiger aufhalten. Keine angenehme Begegnung für ihn. Es wäre auch möglich, dass unbekannte Mitmenschen durch den Wald streifen, von denen er nicht weiß, ob sie ihm wohlgesonnen sind. Auf alle Fälle bedeutet das, was er hört, erst einmal Gefahr!

Durch den Geräusch-Impuls wird eine Reihe von physiologischen Abläufen ausgelöst. Sie dienen dazu, verschiedene Reaktionen unseres Urmenschen möglich zu machen. Er könnte flüchten. Er könnte aber auch kämpfen. So genau weiß er das zu diesem Zeitpunkt noch nicht. Das einzige Ziel aller Varianten ist, sein Überleben zu sichern. Zugegeben: In unseren Breiten sind wir im Alltag kaum existenziell bedroht. Unsere Lebensgefahr hält sich in Grenzen. Dennoch reagieren wir bei Stress immer noch so, als wolle uns jemand an den Kragen. Darin unterscheiden wir uns kein bisschen von unserem Urahnen.

2. AKUTER STRESS: HOCHBETRIEB IM KÖRPER!

Egal, wie sich der Steinzeitmensch entscheidet: In seinem Körper geht nun richtig die Post ab. Zuerst aktiviert das Gehirn den Hypothalamus. Dieser ist das Zentrum für das vegetative, also unbewusste Nervensystem. Wie der Name schon sagt, werden dort Prozesse gesteuert, die wir nicht willentlich beeinflussen können. Sie laufen automatisch ab. Das Gehirn unseres Urmenschen muss blitzschnell die aktuellen Sinnesreize mit seinen bisherigen Erfahrungen vergleichen. Sobald es Ähnlichkeiten findet, ordnet es die Situation ein. Es bewertet sie nach dem persönlichen Schema des Urzeitlers. Rascheln bedeutet für ihn erst einmal Gefahr! Dabei verengt sich seine Sichtweise der Dinge. Ein bestimmter Ablauf setzt sich in Gang. Würde er jetzt erst einmal überlegen, ob so ein Tiger vielleicht ganz knuffig aussieht und er ihn gerne streicheln möchte, hätte der Urmensch schon verloren. Seine Gehirnleistung konzentriert sich ausschließlich auf Kampf oder Flucht.

Der Sympathikus und die Hypophyse werden angesprochen. Energie muss her! Der Sympathikus erhöht die Leistungsbereitschaft. Zwingend notwendig für unseren Urmenschen, da er ja gleich festlegen muss, ob er weglaufen oder kämpfen wird. Für beides braucht er höchste körperliche Funktionalität. Alles muss jetzt erstklassig klappen.

Und das sieht so aus:

Der Blutdruck steigt und mit ihm die Zahl der Herzschläge. Dadurch ist die stärkere Durchblutung der Muskeln und des Gehirns gewährleistet. Beide müssen dafür sorgen, dass er fit ist. Draufhauen oder weglaufen – für beides sind seine Muskeln nötig.

Die Bronchien werden erweitert. Unser Vorfahr kann besser atmen, was sich ebenfalls günstig auf sein Gehirn und die Muskeln auswirkt. Er muss ja die Situation und damit seine Möglichkeiten richtig einschätzen.

Die Pupillen erweitern sich. Er kann genauer sehen, um die Gefahr besser zu erkennen. Das verschafft ihm besonders beim Kampf Vorteile.

Der Stoffwechsel verbessert sich. Dabei geht es besonders um die Glukoseverwertung, die den Muskeln neue Energie zuführt. Darüber hinaus wird körpereigenes Eiweiß ebenfalls in eine Form von Zucker umgewandelt. Alle Reserven stehen jetzt bereit, um an der richtigen Stelle im Körper eingesetzt zu werden.

Die Köpertemperatur steigt an. Das lässt alle körperlichen Vorgänge schneller ablaufen. Gleichzeitig wird die Schweißsekretion angeregt, um eine Überhitzung zu vermeiden.

Die Milz schwemmt mehr rote Blutkörperchen aus, damit der Sauerstofftransport zu den Muskeln sichergestellt ist. Je mehr davon herumschwimmen, desto besser die Versorgungslage.

Zusätzlich gibt es jetzt noch den bekannten Adrenalin-Kick. Durch das Nebennierenmark, das ebenfalls vom Sympathikus angekurbelt wird, kommt es zur Ausschüttung von Adrenalin. Das legt für das ganze Stressgeschehen noch eine Schippe drauf. Adrenalin unterstützt alle Funktionen des Sympathikus. Außerdem hemmt es die Verdauung, die im Augenblick der Gefahr unwichtig ist. Darüber hinaus fördert Adrenalin die Blutgerinnung.

Die Hypophyse, die neben dem Sympathikus eine zweite wichtige Rolle spielt, sorgt über die Nebennierenrinde für den Ausstoß von Cortisol. Sowohl vorübergehender akuter Stress, wie bei unserem Beispiel, als auch lang andauernde Belastungen verändern die Wirksamkeit des Immunsystems. Die spezifische Immunabwehr wird heruntergefahren. Unspezifische Abwehrstoffe erhöhen sich, um bei etwaigen Verletzungen Wunden schnell vor Infektionen zu schützen. Zu diesen Verteidigungshelfern gehören weiße Blutkörperchen oder Fresszellen. Bereits bestehende Entzündungsvorgänge im Körper werden minimiert und die Schmerzübertragung gehemmt. Das wiederum schützt den Urmenschen davor, sofort schlapp zu machen, wenn er etwas auf die Nase bekommt. Er bleibt widerstands- und damit handlungsfähiger. Im Ernstfall erhöhen sich seine Überlebenschancen.

Alle Organe, die bei einer starken körperlichen Belastung gebraucht werden, sind nun bestens versorgt. Alles andere im Körper hat Zeit. Die Verdauung oder Fortpflanzung, ja selbst das Immunsystem müssen zurückstecken. Zum Überleben werden sie in einer akuten Stressphase nicht gebraucht.

Im Gegensatz zum absichtlichen Denken fehlt es den vegetativen Vorgängen an Flexibilität. Sie reagieren stets gleich. Das verkürzt die Abläufe im Körper, da es nichts abzuwägen oder zu entscheiden gibt. Die internen Wege im Körper sind sozusagen standardisiert. Lassen die Sinne bestimmte Eindrücke durch, funktioniert alles nach Schema F. Dies aber absolut zuverlässig.

Auf diese Art ist unser Steinzeitmensch gewappnet gegen einen möglichen Angriff. Sein Körper ist bereit, sich dem zu stellen, was auf ihn lauert. Er ist 1a vorbereitet.

Heutzutage trifft der Mensch eher selten auf keulenbewehrte Mitmenschen oder Säbelzahntiger. Der Stress ist subtiler geworden und – das ist das Fatale am heutigen Stress – er kann oftmals nicht, wie beim Urmenschen durch Bewegung abgebaut werden. Wer beispielsweise durch zu viel Arbeit gestresst ist, kann nicht einfach einmal eine Runde um den Block joggen. Das wäre eine der gesündesten Reaktionen bei unmittelbaren Belastungen. Er muss stattdessen in der Situation verharren. Der biologisch vorgesehene Ablauf, die körperlichen Reaktionen durch Flucht oder Kampf zu beseitigen, findet nicht statt.

Der moderne Mensch hat den physischen Turbogang eingeschaltet. Doch es passiert körperlich nichts. Weder kann er mit Bewegung die Energie in den Muskeln verbrennen, noch den Hormonspiegel im Blut senken. Bis der Organismus alles von alleine abgebaut hat, vergeht eine Weile. In dieser Zeit bleiben die stressaktiven Faktoren im Körper weiterhin aktiv.

Folgt dann auf einen Stressor schon nach kurzer Zeit der nächste, entsteht ein Dauerzustand. Im Gegensatz zum Steinzeitmenschen, der durch die Bewegung in die Entspannung kommt, befindet sich der moderne Mensch oftmals in einem permanenten Alarmzustand. Das ist so für den gesunden Körper zweifellos nicht vorgesehen. Bleiben die Stress-Symptome bestehen, dann können sie auf Dauer das Allgemeinbefinden ernsthaft beeinträchtigen. Genau betrachtet, setzt Stress unsere Überlebensmechanismen in Gang, ohne dass dies in unserer Zeit wirklich vonnöten wäre. Wir sind nicht in Lebensgefahr!

Was bedeutet das ganz konkret? Nehmen wir uns noch einmal das Beispiel des ängstlichen Flugpassagiers vor und machen daran die einzelnen Ebenen der Stressreaktionen deutlich.

Die körperliche Reaktion

Sie ist für die meisten Menschen am einfachsten zu erkennen. In unserem Beispiel könnte der Fluggast beginnen zu schwitzen. Er bekommt Herzklopfen und weiche Knie. Sein Magen verkrampft sich. Ihm wird übel. Zusätzlich beginnt er zu zittern. Alles an seiner Person stellt sich auf Flucht ein. Genau das kann er jedoch nicht, wenn er sich gerade 10.000 Meter über dem Boden befindet.

Vielleicht ist es bei Ihnen ja ganz anders. Möglicherweise reagieren Sie mit Kopfschmerzen, neigen zu roten Flecken auf der Haut oder müssen häufig zur Toilette. Viele körperliche Reaktionen gleichen sich. Doch hat jeder seine speziellen Symptome, mit denen er auf Stress reagiert.

Typische Auswirkungen sind angespannte Muskeln. Das zeigt sich oft in einem starren Gesichtsausdruck. Gerade beim Stress durch Fliegen sprechen Fachleute häufig von den „whiteknuckels". Das sind die Passagiere, die sich so fest an die Armlehnen ihrer Sitze klammern, dass die Fingerknöchel weiß hervortreten. Auch Das Hochziehen der Schultern gehört zum charakteristischen Stressverhalten. Nicht selten geraten Menschen mit Flugangst einfach deshalb in Panik, weil ihnen keine Methoden zur Verfügung stehen, um ihre körperlichen Stress-Symptome abzubauen.

Der Wunsch nach Entlastung lässt manche Menschen mit den Fingern trommeln, sie zappeln mit den Beinen oder knirschen mit den Zähnen. Mit einer Miniaktivität hilft sich der Körper zumindest ein kleines bisschen. Darum ist sie durchaus sinnvoll.

Nach dem Stress sollten diese Auswirkungen wieder zurückgehen. Am besten funktioniert das, wie wir beim Urmenschen gesehen haben, durch Bewegung. Fehlt diese, dann kann zum Beispiel der verkrampfte Magen chronisch werden und zu ernsthaften Magenproblemen führen. Oder der erhöhte Blutdruck bleibt bestehen und schädigt Herz und Blutgefäße.

Übrigens macht Stress dick! Amerikanische Wissenschaftler veröffentlichten bereits 2010 in der US National Library of Medicine eine Studie, nach der stressbelastete Menschen deutlich häufiger zu Übergewicht neigen. Möglicherweise gaukelt das Hormon Cortisol dem Körper vor, er müsse seine verbrauchten Energien wieder auffrischen. Nur – wo weder gekämpft noch davongelaufen wird, gibt es keinen Energieverbrauch. Als Folge setzen sich Glukose und Co. als Fettpölsterchen auf die Hüfte.

Die kognitive Reaktion

Sobald Sie sich gedanklich mit einer stressbehafteten Situation auseinandersetzen, beginnen Sie diese zu bewerten. Sie schaffen sich eine eigene, subjektive Realität, die aufgrund Ihrer Erfahrungen, Ihrer Werte und Ihrer Ansprüche entsteht.

Unser Flugpassagier denkt: "Bei Turbolenzen wird das Flugzeug abstürzen", „Der Pilot könnte einen Fehler machen", „Der Motor könnte ausfallen oder eine Tragfläche abbrechen", „Erst letzte Woche ist ein Flieger aus unerklärlichen Gründen vom Himmel gefallen". Solche Gedanken tummeln sich auf einer inneren Bühne. Sie verbinden die Tatsache des Fliegens mit eigenen, irrationalen Vorstellungen. Sicher haben Sie schon einmal das Wort „Kopfkino" gehört. Das beschreibt die kognitiven Vorgänge recht gut. Im Inneren läuft ein Film ab, der ausgesprochen lebhaft vorgaukelt, was passieren könnte.

Bei Prüfungen kann Stress zum gefürchteten „Blackout" führen. Alle gut gelernten Fakten sind irgendwohin verschwunden und im Kopf nicht mehr abrufbar. Durch die Fokussierung auf die Stress auslösende Situation verlieren die anderen geistigen Kenntnisse an Wichtigkeit. Für den kleinen Urmenschen in uns wäre es viel wichtiger, der unangenehmen Situation zu entfliehen, als mit Wissen zu glänzen. Bei einem modernen Menschen geht das natürlich nicht. Er muss standhalten und Antworten geben.

Der Fluggast unseres Beispiels wird vorrangig Angst, eventuell sogar Panik empfinden. Diese wird einige Zeit vor dem Augenblick des Stressors, also dem Flug, bis einige Zeit danach andauern. Kommt das häufiger vor, kann er Angst vor der Angst entwickeln. Möglicherweise wird sie so stark, dass er das Fliegen ganz vermeidet.

Allerdings wird es ihm relativ leichtfallen, die Gefühle der aktuellen Situation zuzuordnen. Die Furcht und das Ausgeliefertsein kann er ganz direkt mit der Flugsituation in Verbindung bringen.

Schwieriger ist es, wenn Dauerstress zu einer negativen emotionalen Grundhaltung führt. Reizbarkeit, Ungeduld, Frustration wären dafür Beispiele. Die Ursachen dafür liegen häufig nicht in eindeutigen Stressauslösern, sondern in der Summe eines fortdauernden Stress-Prozesses.

Stress ist ein Meister des Versteckens. Ab einem bestimmten Zeitpunkt der Dauerbelastung nehmen seine Symptome so überhand, dass er selbst darunter nicht mehr auffällt. Der Stress ist laviert und verbirgt sich wie hinter einer Maske. Darum erkennt man ihn nicht immer. Stimmungsschwankungen, schlechte Laune, Angstzustände, Abgeschlagenheit oder Konzentrationsschwäche scheinen auf ganz andere Probleme hinzudeuten. Der Stress hinter den negativen Gefühlen wird als solcher kaum noch wahrgenommen.

Reaktion im Verhalten

Menschen unter Stress verhalten sich anders als entspannte Personen. Bei unserem Flugpassagier wäre das z. B. Hektik. Ihm könnten schon beim Packen Fehler unterlaufen, indem er Dinge vergisst. Vielleicht versucht er sich mit Tabletten oder Alkohol zu beruhigen, oder er ergreift kurz vor dem Einsteigen in den Flieger die Flucht. Möglicherweise entschließt er sich auch, ein Seminar gegen Flugangst zu besuchen, um seiner Gefühle Herr zu werden.

Sie sehen, unser Verhalten ist unsere Strategie, um mit Stress umzugehen, um ihn auszuhalten. Alle Anstrengungen laufen darauf hinaus, zu kämpfen oder zu fliehen. Daher reagiert jemand, der zum Angriff neigt, bei Stress eher mit Aggressionen, während eine Person, die in derselben Situation eher fliehen würde, mit Angst.

Bitte sehen Sie darin auf keinen Fall eine Wertung. Hier werden nur die verschiedenen Grundstrategien aufgeführt. Diese sind letztlich sehr vielfältig, weil sich im konkreten Leben die Gemütsverfassung ändert. Es kommt also immer auf die Tagesform an.

Anti-Stress-Strategien können sinnvoll, weniger sinnvoll, ja sogar auf Dauer schädlich sein. Sie beeinflussen maßgeblich unsere Beziehung zur Außenwelt. Ungeklärter Stress macht unfreundlich, ungeduldig und frustriert. Das bringt zusätzlichen sozialen Stress. Kommen dann noch schädliche „Hilfsmittel", wie Alkohol oder Tabletten ins Spiel, kann er durchaus gefährlich werden.

3. Stress macht stark?

Doch Stress ist nicht per se schlecht. Er fördert auch die Leistungsbereitschaft und damit Erfolgserlebnisse. Denken Sie an den Stress bei sportlichen Turnieren oder bei erfreulichen Festen. Eine Taufe, eine Hochzeit. Stress kann also durchaus glücklich machen.

Eustress, also guter Stress, spornt an und bringt weiter. Zwar wird auch hier der Organismus alarmiert, doch die Art der Aktivität, die dann folgt, wirkt positiv. Wir rechnen in diesem Fall damit, der jeweiligen Aufgabe gewachsen zu sein. Wir blühen geradezu auf. Neben Stresshormonen schüttet der Körper auch Glücksbotenstoffe aus. Sie entstehen besonders dann, wenn es Ihnen gelungen ist, Ihre eigenen Erwartungen zu erfüllen.

Stellen Sie sich vor, Sie werden gerade Vater oder Mutter: Alles ist aufregend! Der kleine Mensch, die veränderte Situation. Es gibt so viele neue Dinge. Ihr Tatendrang ist geweckt. Sie gehen freudig ans Werk und sehen das, was kommt, als Herausforderung an.

Völlig anders funktioniert der Distress. Er ist negativer Stress, der uns das Leben schwer macht und das Urbild unseres heutigen Stressverständnisses abbildet. Ihm fühlen wir uns ausgeliefert. Er gibt uns das Gefühl, nicht selbstbestimmt handeln zu können. Haben wir zu viel oder zu lange davon, können wir krank werden. Wer unter Dauerstress steht wird zudem langsamer wieder gesund. Auf alle Fälle macht Distress unglücklich.

Ganz ohne Stress leben?

Jeder Mensch braucht ein gewisses Maß an Stress. Würden wir völlig stressfrei leben, gäbe es kein persönliches Wachstum. Dennoch kann auch ein Übermaß an Eustress in Distress umschlagen. Das geschieht dann, wenn die Bewältigungsstrategien von Körper und Geist über einen längeren Zeitraum hinweg überbeansprucht werden. Ob Eustress oder Distress – wichtig ist, sich nach dem Stress genügend Zeit zur körperlichen und geistigen Erholung zu geben.

Jedoch sind die Grenzen zwischen Eustress und Distress fließend. Sobald wir in eine stressende Situation kommen, entscheiden wir schlagartig, ob wir uns der Anforderung gewachsen fühlen. Diese Einschätzung geschieht ganz subjektiv. Sie ist von vielerlei Faktoren abhängig: Das Alter, die körperliche Verfassung, die Einstellung zur Situation, aber auch Religion, Bildung oder Einkommen sind Grundlagen für unsere Sicht, Stress als positiv oder negativ anzusehen.

Aktiv
Jetzt sind Sie dran. Untersuchen Sie, welche persönlichen Stressreaktionen für Sie typisch

sind. Notieren Sie in Ihren Unterlagen alles, was Ihnen dazu einfällt. Um sich selbst ein wenig auf die Sprünge zu helfen, stellen Sie sich bitte die Fragen:

- *Woran erkenne ich, dass ich gestresst bin?*
- *Woran merken andere, dass ich gestresst bin?*
- *Was mache ich, wenn ich gestresst bin?*

Wenn Ihnen anfangs nur wenig einfällt, ist das nicht schlimm. Sie können Ihre Sammlung jederzeit ergänzen und weiter verarbeiten. Die Bewältigung von Stress ist ein Prozess. Darum gibt es immer die Chance, von jeder Stelle aus weiterzuarbeiten.

Ein Nachdenkerchen für den Weg:

Auch der Stress hat etwas für sich:
Er gibt einem das Gefühl,
dass man gebraucht wird.
(unbekannt)

4. STRESS ENTSTEHT VOR ALLEM IM KOPF

Sie haben bereits einige Ihrer Stressreaktionen gesammelt. Kümmern wir uns jetzt eingehender um die Gedanken, die Ihnen bei Stress durch den Kopf gehen.

Während unserer Erziehung haben wir ein Grundmuster an Einstellungen und Werten mit auf den Weg bekommen. Diese leiten uns. Sie geben uns ein Gerüst, an dem wir unser Leben messen. Dazu können z. B. unsere Leistungsbereitschaft, unser soziales Empfinden, unser Sinn für Verantwortung oder unser Vertrauen andern gegenüber gehören. Diese Überzeugungen sind für das Zusammenleben notwendig. Sie helfen uns dabei, unsere Bedürfnisse nach sozialer Zugehörigkeit, nach Wertschätzung und Schutz zu befriedigen. Das Erlernen dieser Werte ist nichts anderes als Erziehung.

Vielleicht haben Sie es bei sich selbst schon bemerkt. Ständig gibt es in uns eine Stimme, die alles, was wir tun, kommentiert. Sie treibt uns an, sie lobt uns, sie ermahnt uns und sie kritisiert uns. Wir sind im fortwährenden Austausch mit uns selbst. Das ist völlig normal und hat nichts mit dem pathologischen Prozess des „Stimmenhörens" bei psychotischen Erkrankungen zu tun. Also keine Angst. Alles absolut normal.

Genau an dieser Stelle wirken die sogenannten Glaubenssätze. Problematisch sind sie dann, wenn sie diktatorisch und absolut werden. Wird aus einem „Versuche deine Aufgaben so sorgfältig zu erledigen, wie du kannst" ein „Sei perfekt!" ist der Stress da. Fast wie ein negatives autogenes Training verinnerlichen wir diese Vorstellungen bis sie schließlich zur unumstößlichen Gewissheit werden.

Der amerikanische Psychologe Dr. Taibi Kahler, der übrigens einer der Berater von Bill Clinton war, hat für diesen seelischen Vorgang einen griffigen Namen gefunden: der innere Antreiber.

Grundsätzlich hat dieser Teil der Persönlichkeit die Funktion, uns auf Trab zu bringen. Er zeigt uns, wo es langgeht. Dabei greift er auf unsere Ressourcen zu. Wir werden mobilisiert, ob es uns passt oder nicht. Der innere Antreiber packt uns zudem bei unserer Verantwortung, weil er unsere moralischen Überzeugungen hoch hält.

Haben Sie auch diese kleine Stimme in sich, die Sie drängt, möglichst perfekt zu sein? Oder Ihnen sagt, Du musst beliebt sein? Sei stark! Pass auf, sei immer auf der Hut! Vielleicht auch: Ich kann nicht ... Dann haben Sie auch schon Bekanntschaft mit Ihrem inneren Antreiber gemacht. Er ist nie zufrieden. Haben Sie etwas erreicht, bleibt Ihnen kaum Zeit, sich daran zu freuen. Es gibt noch so viel zu tun und die nächste Aufgabe wartet bereits.

Eigentlich ist es ihm komplett gleichgültig, wie viel Sie schaffen. Die Liste der Arbeiten wird nie kürzer. Ganz im Gegenteil. Zwischendurch schiebt er immer noch ein paar Extra-Sachen ein, die ganz schnell gehen und die man einfach den andern zuliebe machen sollte. Dass Ihr Zeitplan dabei vollends aus den Fugen gerät, liegt sicher an Ihrer mangelnden Effizienz. Außerdem sorgt er dafür, dass Sie sich auf keinen Fall auf die faule Haut legen. Stellen Sie sich nur vor, was mit Ihnen passiert, wenn Sie in Ihrem Elan nachlassen. Was werden andere denken? Und Sie werden immer träger – solange, bis Sie sich überhaupt nicht mehr von der Couch bewegen und sozial total abrutschen.

Der innere Antreiber überhöht eigentlich sinnvolle Werte durch seine autoritäre Sichtweise. Je höher hier die Latte liegt, desto größer werden auch die Ansprüche an uns selbst sein. So reicht es nicht, sich an einzelnen Ergebnissen zu freuen. Durch den Wunsch, perfekt zu sein, erhofft man sich Anerkennung, Bestätigung und Erfolg durch Leistung. Die Rückseite der Medaille ist dann die Angst vor Fehlern und Versagen. Zusammen ergibt so etwas Stress!

Verstärkt wird diese Sichtweise noch durch einen Stress verschärfenden Denkstil. Darunter fällt beispielsweise die selektive Wahrnehmung von negativen Situationen und Ereignissen.

Gleichgültig ob bewusst oder unbewusst, man neigt dazu, die Informationen schwerer zu gewichten, die einem sympathisch sind. Hat man also sowieso den Anspruch an sich, perfekt zu sein, werden einem besonders die Erfahrungen auffallen, die Misserfolge dokumentieren. Das funktioniert natürlich auch mit den Sätzen: Sei stark! Sei beliebt! Beeile dich! Pass auf! In neuerer Zeit könnte man noch einen sechsten Antreiber hinzufügen. Besonders bei jungen Leuten ist Sei cool! zu einem Glaubenssatz geworden.

Des Weiteren führt eine Verallgemeinerung zu Stressverstärkung. Geht einmal etwas daneben, geht es immer daneben. Wörter wie „immer" oder „nie" sind eindeutige Indizien für diese Sichtweise. Noch mehr Stress erzeugt man mit Katastrophisieren, wenn die Folgen negativer Ereignisse überbewertet werden. So steigert man sich unter Umständen wegen eines kleinen Fehlers bei der Arbeit in die Vorstellung hinein, entlassen zu werden. Das Desaster scheint unausweichlich.

Zusätzlichen Stress kann man sich auch einhandeln, wenn man alles auf sich bezieht, also personalisiert: Ein schräger Blick des Chefs, ein nur gemurmeltes „Guten Morgen" eines Kollegen – schon überlegt man, was man verkehrt gemacht hat, wo man nicht gut genug war, welche Entscheidung falsch war. Die Objektivität verabschiedet sich und macht falschen Vorstellungen Platz.

Typische, belastende Verhaltensweisen aus Ihrem Alltag können Sie leicht identifizieren. Die eine oder andere kommt Ihnen sicher bekannt vor.

- Sei perfekt heißt: vollkommen zu sein, vorzuplanen, 150 Prozent zu geben
- Sei stark bedeutet: sich alleine durchzubeißen, nicht um Hilfe zu bitten
- Sei schnell besagt: vieles erledigen, Multitasking
- Streng dich an ist: immer die Initiative zu ergreifen, über die eigenen Kräfte zu gehen
- Mach es anderen recht: alle Antennen auf Empfang zu haben, nicht „Nein" zu sagen.

Übrigens verleiht Ihnen dieser innere Antreiber auch eine ganz wunderbare, positive Fähigkeit. Denn sie beschreiben für sich nur ganz urteilsfrei einen augenblicklichen Zustand. In seiner Reinform kommt ein Antreiber nur selten alleine vor. Meist vereint er Anteile verschiedener Überzeugungen. Wer perfekt sein möchte, hat oft auch den Wunsch, immer nett zu sein. Genauso gut kann er aber auch vieles vom „Sei stark!"-Antreiber in sich tragen. In der Regel übernimmt allerdings ein Antreiber die Regie und lässt Sie nach seiner Pfeife tanzen.

Haben Sie z. B. einen besonders hohen Wert im Bereich „Sei perfekt", bedeutet das gleichzeitig, dass Sie einen besonderen Sinn für die ‚Gesamtheit eines Prozesses, für die Vollkommenheit und für Zusammenhänge haben. Außerdem sind Sie wahrscheinlich sehr sorgfältig und genau in dem, was Sie tun.

Finden Sie sich eher bei „Sei schnell" wieder, zeigt das Ihre Stärken im Raum-Zeit-Gefühl. Sich zeitlich und räumlich auf äußere Dinge und sich selbst einzustellen und sich zu orientieren, ist dann sicher eine Ihrer Kompetenzen.

…Handeln Sie mit Ihrem inneren Antreiber so, dass Sie es gerne andern recht machen, haben Sie ein gutes Einfühlungsvermögen. Sie können Ihre Umgebung wahrnehmen und einbeziehen.

…Befinden Sie sich hauptsächlich im „Sei stark"- oder „Streng dich an"- Antreiberverhalten, weist das auf Ihr Durchhaltevermögen hin. Sie sind in der Lage, angemessen Kraft einzusetzen, um eine Aufgabe zu erledigen oder ein Ziel zu erreichen.

…Weitergehende Erläuterungen finden Sie in einem der folgenden Kapitel.

5. Gibt es gar keinen Stress, der von aussen kommt?

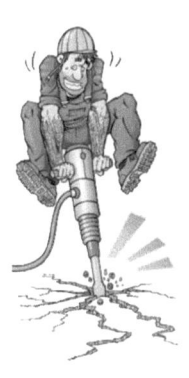

Doch! Und da widerspreche ich möglicherweise einigen Stressforschern. Allerdings bedarf es einer genauen Analyse, woher der Stress kommt. Auch wenn sie auf den ersten Blick auf äußerliche Stressfaktoren tippen – oft werden die Belastungen doch vom inneren Antreiber verursacht. Die exakte Abgrenzung ist wichtig, weil sich die Verarbeitungsstrategien unterscheiden.

Schauen wir uns einmal zwei Stress-Konstellationen an:

Beispiel 1:
Sie fühlen sich in Ihrem Beruf stark überlastet. Das Arbeitsaufkommen ist hoch, und ständig werden Ihnen neue Aufgaben aufgehalst. Ihr Chef nimmt darauf überhaupt keine Rücksicht. Sie schaffen Ihr Pensum nur mit großer Mühe. Irgendwie versuchen Sie alles gleichzeitig zu erledigen. Sie sind hektisch und nervös. Da Ihnen durch die Anspannung viele Fehler unterlaufen, kostet es Sie weitere Zeit, diese auszubügeln. Sie haben Stress!

Beispiel 2:
Sie fühlen sich in Ihrem Beruf stark überlastet. Das Arbeitsaufkommen ist hoch und ständig werden Ihnen neue Aufgaben aufgehalst. Da in der Firma aktuell Stellen reduziert werden, verlassen immer mehr Ihrer Kollegen den Betrieb. Ob Sie in absehbarer Zeit ebenfalls Ihren Arbeitsplatz

verlieren, ist ungeklärt. Zwar hoffen Sie darauf, auch weiterhin beschäftigt zu werden. Die Chancen können Sie jedoch überhaupt nicht einschätzen. Sie haben Stress!

So ähnlich die Modelle scheinen, so unterschiedlich sind sie in ihren Ursachen. Auf den ersten Blick kommen beide Stressoren von außen. Die Überlastung entsteht jedes Mal durch zu viel Arbeit. Dennoch gibt es einen gravierenden Unterschied. Während im ersten Fall zumindest die Möglichkeit besteht, dass der Stress hausgemacht ist, kann man das bei der zweiten Variante so gut wie ausschließen. Existenzielle Belastungen, wie der unverschuldete Verlust des Arbeitsplatzes, Krankheiten oder der Tod eines Angehörigen sind typische Stressfaktoren, die nicht vom inneren Antreiber gesteuert sind. Man wird aus eigener Kraft kaum etwas an den Gründen für den Stress ändern können. Bei diesen Gegebenheiten geht es mehr um Strategien, die Belastung sinnvoll zu bewältigen. Wichtig ist hier, die körperlichen und psychischen Auswirkungen des Stresses in solche Bahnen zu lenken, dass sie keine gesundheitlichen Probleme verursachen und die Lebensqualität erhalten bleibt. Neben Bewegung und Entspannung sind besonders Achtsamkeitsübungen hilfreich.

Beim ersten Beispiel lohnt es zu überprüfen, ob nicht doch der innere Antreiber seine Hand im

Spiel hat. Wie kommt es, dass Ihnen (in dieser Vorstellung) die Arbeit zu viel wird? Als Vertreter des Sei perfekt-Antreibers könnte es sein, dass es Ihnen schwerfällt, Aufgaben zu beenden, wenn Sie nicht zu 100 Prozent erledigt sind. Darum brauchen Sie für jedes Detail einfach zu viel Zeit, und der Rest bleibt mehr und mehr liegen.

Sind Sie eher ein „Sei stark-Typ"? Dann ist es möglicherweise schwierig für Sie, ein fachliches Update einzufordern. Vielleicht wäre die eine oder andere Weiterbildung nützlich. Schließlich sollte man heutzutage lebenslang hinzulernen. Ein Fakt, der eher positiv, als negativ ist.

Sind Sie immer nett zu allen? Dann heißt es für Sie, Grenzen zu setzen. Nett zu andern zu sein, bedeutet leider oft, dass man alles andere als nett zu sich selbst ist. Oder fehlt Ihnen der Mut, Ihrem Chef zu sagen, dass es zu viel wird?

Selbst erzeugter Stress bietet immer die Chance auf eine Lösung. Das ist bei äußerem Stress weitaus schwieriger. Prüfen Sie darum immer genau, ob Ihr Stress wirklich von andern verursacht wird. Geben Sie das Mittel, sich selbst zu helfen, nicht voreilig aus der Hand.

Übrigens können auch positive Gefühle hausgemacht sein. Haben Sie schon einmal das Wort Flow gehört? Geprägt wurde es von Mihály

Csikszentmihályi, einem ungarischen Professor an der Claremont Graduate University in Kalifornien. Keine Sorge, Sie müssen sich diesen Namen nicht merken. Der Professor entwarf eine Theorie zur Erklärung eines bestimmten Zustandes bei der Erledigung von Aufgaben. Er beobachtete Menschen, die völlig versunken in ihr Tun (z. B. Schachspielen) waren und anscheinend weder sich, noch ihre Umwelt wahrnahmen. Das nannte er Flow. Alles floss, ohne Belastung. Im Deutschen könne man sagen: Es läuft!

Besonders interessant ist, was Flow in Zusammenhang mit unserer Arbeitswelt bedeutet. Der Zustand des Flow ist sozusagen das Gegenteil von schädlichem Stress. Seine körperlichen Merkmale sind zum Beispiel das optimale Zusammenspiel von Herzschlag, Atmung und Blutdruck. Gesteuert wird dies, wie beim Stress, vom Hypothalamus, als Zentrum für vegetative (unbewusste) Reflexe. Der Hypothalamus gehört zum limbischen System. Beim Flow arbeitet dieser Teil des Gehirns absolut synchron mit dem Neocortex, dem Sitz von Bewusstsein und Verstand. Das lässt sich sogar nachmessen.

…Im psychischen Bereich kann man Flow anhand von verschiedenen Merkmalen definieren. Ich nenne Ihnen hier einige davon, die für die Beurteilung unserer Arbeitssituation relevant sind. Im Prinzip gelten sie natürlich auch für

Hobbies, Partnerschaften oder unser soziales Leben.

- Wir fühlen uns der jeweiligen Aktivität völlig gewachsen. Wir spüren eine Herausforderung. Es braucht entsprechende Fähigkeiten. Die Herausforderung und die Fähigkeit passen zusammen.

- Wir sind fähig, uns auf unser Tun zu konzentrieren. Wir konzentrieren uns vollständig, sind nicht abgelenkt, lassen uns nicht ablenken. Wir hinterfragen die Aktivität nicht. Gleichzeitig (oder auch: dadurch) sind die Sorgen des Alltags aus dem Bewusstsein verdrängt.

- Die Aktivität hat deutliche Ziele. Wir wissen, was wir tun müssen, um das Ziel zu erreichen.

- Die Aktivität hat eine unmittelbare Rückmeldung. Wir wissen oder erfahren, wann wir etwas richtig oder falsch gemacht haben.

- Wir haben das Gefühl von Kontrolle über unsere Aktivität. Dabei ist es nicht wichtig, ob wir tatsächlich die Kontrolle haben - unser Gefühl für die Kontrolle ist entscheidend.

Dies alles wäre der Idealfall. Möglicherweise haben Sie bereits jetzt schon festgestellt, wo es bei Ihrer Arbeitssituation hakt und was zu Stress führt.

Leider sieht unser berufliches Umfeld so aus, dass der Flow nur schwer erreichbar scheint. Der Arbeitsdruck hat nicht zuletzt durch die Digitalisierung enorm zugenommen. Multitasking und eine permanente Erreichbarkeit sind natürliche Feinde des Flow. Außerdem wirkt Arbeitsteilung gegen das Gefühl, selbst etwas zu bewirken. Nur wer spürt, dass er mit seiner Arbeit Ergebnisse erzielt, kann Zufriedenheit entwickeln. Gleichzeitig muss man heute flexibel sein: örtlich, zeitlich und mit wechselnden Kollegen. Wir leben in einer Welt von „Projekten". Ist eines beendet, folgt das nächste im anderen Team – oder auch nicht. Denn auch das ist Stress. Selbst wenn man in seiner Sparte topfit ist, drohen Umstrukturierungen, befristete Arbeitsverträge und eine unsichere Zukunft. Stressaspekte der besonderen Güte.

Aktiv

Erstellen Sie sich eine Liste von Stress-Situationen am Arbeitsplatz, die für Sie ganz typisch sind.

Sehen Sie in Ihrer Liste Gemeinsamkeiten? (Zeitdruck, fehlende Konzentrationsmöglichkeit, zu wenig Know-how etc.)

Sehen Sie sich die Flow-Merkmale an. Woran mangelt es Ihrer Meinung nach bei Ihren Belastungen am meisten?

Das Nachdenkerchen zum Schluss:

Wenn Sie das tun,
was Sie immer getan haben,
werden Sie auch das bekommen,
was Sie immer bekommen haben.
(Frei nach Seneca)

6. Wie hätten Sie es denn gerne?

Bisher haben Sie eine Bestandsaufnahme über Ihre aktuelle Stress-Situation gemacht. Dazu mussten Sie untersuchen, worin Ihre Belastung genau besteht. Das ist der Punkt, von dem Sie losmarschieren. Es gibt allerdings keine Reise ohne Ziel. Mit einem Ziel vor Augen haben Sie die Richtung und die Chance auf die Motivation, um dorthin zu gelangen. Oftmals kann man jedoch seine Erwartungen nicht eindeutig benennen. Sie sind diffus. Man sagt „Es soll besser werden" oder „Ich will etwas verändern" und „Ich möchte zufriedener leben". Als Folge sind dann auch die Ergebnisse nicht klar messbar. Bei den obigen Beispielen könnten Sie nicht genau feststellen, wann etwas besser ist, was genau verändert werden soll oder wodurch Sie zufriedener leben. Das frustriert und senkt die Motivation. Darum wollen wir die Ziele klar definieren, messbar machen, auf ihre Realisierung hin überprüfen, attraktiv gestalten und auf ihre Auswirkungen untersuchen.

Aktiv

Lehnen Sie sich bitte zurück und stellen Sie sich vor, Sie würden morgen früh aufwachen und durch Zauberkraft hätten Sie über Nacht Ihr Ziel erreicht. Woran würden Sie das merken? Was wäre anders als heute? Lassen Sie sich, so tief es geht, in diese Vorstellung fallen, damit Sie richtig spüren, wie es für Sie ist, am Ziel zu sein.

Wie würden Sie sich fühlen? Wie wären Ihre Gedanken, würde Ihr Stress Sie weniger belasten? Hätten Sie eine andere Körperhaltung? Notieren Sie sich hinterher, was Ihnen aufgefallen ist.
Heben Sie das, was Sie aufgeschrieben haben, unbedingt auf.

… und gleich noch mal …

Aktiv
Formulieren Sie die Ziele, die Sie erreichen möchten. Benutzen Sie dazu positive Sätze, ohne Verneinung. Erweitern Sie diese mit dem Zusatz
... das heißt konkret ...
Beispiel: Ich bleibe ruhig, wenn mein Chef mich in sein Büro bestellt – das heißt konkret – ich stehe oder sitze aufrecht und spreche mit deutlicher Stimme.
Ich möchte auf andere Menschen zugehen – das heißt konkret – ich spreche andere zuerst an.
Schreiben Sie diese Ziele auf und verwahren Sie diese Notizen.

Doch was nutzt das schönste Ziel, wenn es außerhalb der eigenen Möglichkeiten liegt. So könnte man sich vielleicht vorstellen „Ich bin in einem Jahr Millionär, das heißt konkret, dass mein Bankkonto sechs Nullen aufweist und ich in einem Haus mit 15 Zimmern lebe". Leider hat man darauf überhaupt keinen Einfluss. Das Ziel unterscheidet sich vom Wunsch dadurch, dass Sie die entsprechenden Handlungen unternehmen können, um es zu erreichen. Achten Sie also darauf, ob Sie Ihre persönlichen Ziele bei der Stressbewältigung selbst erreichen können. Haben Sie die nötigen Möglichkeiten an der Hand, um alles in die Realität umzusetzen? Liegt es in Ihrer Macht?

Dazu gehört übrigens auch, dass Sie Ihre Ziele in der Größe passen. Ich erkläre kurz, was ich damit meine. Stellen Sie sich einmal vor, Ihnen bricht jedes Mal der Schweiß aus, wenn Sie bei einer betrieblichen (oder schulischen oder vielleicht auch familiären) Veranstaltung mit einem Menschen an einen Tisch gesetzt werden, den Sie überhaupt nicht kennen. Sie wissen nicht, was Sie mit ihm reden sollen. Sie beginnen eventuell zu stottern oder sagen gar nichts. Sie überlegen, was Ihr Gegenüber wohl von Ihnen halten mag. Sie werden ungeschickt und würden am liebsten weglaufen. Diese Art von sozialem Stress ist recht weit verbreitet. Viele Personen erleben ihn immer wieder. Wäre dies eines Ihrer Stress-Probleme, könnte Ihr Ziel lauten: „Ich möchte eine launige Rede zum Firmenjubiläum halten. Das heißt konkret, dass ich entspannt am Rednerpult stehe und die Leute zum Lachen bringe." Objektiv betrachtet wäre das Ziel machbar. Sie sind derjenige, der eine Rede schreiben kann, wenn Sie sich dafür genügend Zeit nehmen. Sie können auch zum Rednerpult marschieren und loslegen. Alle Mittel zur Verwirklichung liegen in Ihrer Hand. Sie ist ohne Hilfe von anderen machbar.

Dennoch ist es subjektiv betrachtet schwierig, so einfach dorthin zu kommen. In diesem Fall wäre es sicher vernünftiger, das „große Ziel" in mehrerer kleinere zu zerlegen. Diese Einzelziele halten Ihre Motivation und den Glauben an sich selbst aufrecht. Die altbekannte Salami-Taktik erledigt hierbei gute Dienste Und am Ende halten Sie schließlich Ihren humorigen Vortrag.

Sehen Sie Ihren Weg jetzt schon klarer? Damit Ihr Ziel intensiv aktiviert wird und sich so verstärkt, nehmen Sie sich bitte einige Minuten, in denen Sie ungestört sind. Das kann abends vor dem Einschlafen oder morgens nach dem Aufwachen sein. Sie werden sich mit der folgenden Übung positiv auf Ihre Erfolge einstimmen. So wie sich Befürchtungen oft Bewahrheiten, kann man im Gegenzug auch angenehme Gedanken verinnerlichen. Ihr Unterbewusstsein stellt sich auf die Richtung ein und wird Sie unterstützen. Mit dieser Vorstellung machen Sie Ihrem Unterbewusstsein klar, was genau Ihr Ziel ist. Gerade durch die sinnliche Imagination erreichen Sie auch die Kanäle, die über die verbale Auffassung hinausgehen.

Schließen Sie die Augen und stellen Sie sich vor, Sie hätten Ihr Ziel erreicht.

Spüren Sie nach, wie es sich anfühlt. Sind Sie gelöst? Gut gelaunt? Freundlich zu Ihren Mitmenschen? Gehen die anderen mit Ihnen entspannt um? Haben Sie Zeit? Lesen Sie, oder hören Sie Musik?

Schwelgen Sie genüsslich im Bild, das vor Ihrem geistigen Auge entsteht. Malen Sie sich in allen Farben aus, wie es sein wird, wenn Sie Ihr Ziel erreicht haben und wie wohltuend sich das für Sie und andere auswirkt. Genießen Sie diesen Zustand.

Risiken und Nebenwirkungen?

In diesem Fall fragen Sie nicht Ihren Arzt oder Apotheker, sondern sich selbst. Im ersten Augenblick mag es sich seltsam anhören, dass ein effektives Stressmanagement ungewollte Nebenwirkungen haben könnte.

Aktiv

Bedenken Sie bitte: Sie werden etwas ändern! Das hat natürlich nicht nur Auswirkungen auf Sie, sondern auch auf Ihre Umgebung.

Gibt es etwas, das gegen Ihr gewünschtes Ziel spricht?

Was hat Sie bisher von Ihrem Ziel abgehalten?

Welchen Vorteil hätten Sie davon, Ihr Ziel nicht zu schaffen?

Wie wird Ihr Umfeld auf die Realisierung Ih-
res Ziels reagieren?
Wäre Ihre Veränderung durch ein Medikament
bewirkt, gäbe es dann „Gefährliche Neben-
wirkungen" auf dem Beipackzettel, die Sie an
der Erreichung Ihres Zieles hindern würde?

Sie wissen jetzt, wo Sie stehen, und Sie wissen, wohin Sie wollen. Allein das ist mehr als der erste Schritt in die richtige Richtung.

Und zum Abschluss dieses Kapitels wieder ein kleines Nachdenkerchen:

"Die Leute", sagte der kleine Prinz,
"schieben sich in die Schnellzüge,
aber sie wissen gar nicht, wohin sie fahren wollen.
Nachher regen sie sich auf und drehen sich im Kreis ..."
Und fügte hinzu: "Das ist nicht der Mühe wert ..."
(Antoine de Saint-Exupéry)

7. Das Konzept

Eine sinnvolle Stressbewältigung steht auf drei Säulen:

Ruhig werden – den Körper schützen – sich mit dem inneren Antreiber verbünden

Am besten wäre es natürlich, wenn sich Ihre Umwelt so verhielte, dass Sie überhaupt nicht in krankmachenden Stress gerieten. Der Chef könnte netter sein, die Kinder sich weniger streiten, die anderen Autofahrer sich ordentlich aufführen und die Kollegen Sie nicht immer mit noch mehr Arbeit zuschütten. Tja, das wäre schön ... Die Hoffnung, alles möge sich wie im Märchen ganz von selbst zum Guten wenden, ist leider genau das: ein Märchen. Fakt ist, dass man immer nur sich selbst verändern kann. Selbst ist Frau oder Mann.

Allerdings gibt Ihnen diese Eigenverantwortung die Möglichkeit, in allen Bereichen gleichzeitig tätig zu werden. Wer einmal für sich entschieden hat, sich nicht mehr übermäßig stressen zu lassen, bestimmt damit auch wie stark seine Belastungen werden. Zudem kann man alle Stress-Effekte ansehen. Da sich Stress auf den gesamten Körper auswirkt, sollte Stress auch ganzheitlich bewältigt werden.

Oberflächliche Tipps, die den Stress reduzieren sollen, helfen in der Regel nur kurzfristig. Sie gehen der Belastung nicht auf den Grund und werden zudem häufig noch selbst zum Stressauslöser. Dauerhaft los wird man zu viel Stress nur, wenn man an den Ursachen arbeitet. Da ähnelt er ein wenig einer Grippe. Die Symptome alleine zu bekämpfen, macht nicht gesund. Man fühlt sich zwar augenblicklich etwas besser, man kann aber jederzeit einen Rückfall bekommen. Und dann steckt man noch viel tiefer im Schlamassel.

Ruhig werden

Wären die andern rücksichtsvoller, gäbe es gar kein Problem. Sie müssten es nur einsehen. Auf Wunder dieser Art zu hoffen, ist jedoch müßig. Es gibt einfach Stressoren, die man nicht beeinflussen kann. Ist der Chef ein Stinkstiefel, kann man nichts dran ändern. Will man seinen Job behalten, muss man seinen Charakter ertragen. Wird einem die Vorfahrt genommen, dann kann man durch Aufmerksamkeit und schnelles Bremsen bestenfalls einen Unfall vermeiden. Was also von außen nicht wirkt, muss dann eben von innen geändert werden. Das funktioniert, indem man in belastenden Augenblicken etwas von der eigenen Erregung wegnehmen kann. „Ruhig werden" heißt die Devise. Das erreicht man mit den richtigen Entspannungstechniken. Die kann man je nach Übung auch ganz spontan und kurz ausführen. Das nimmt die Stress-Spitzen und mildert deren Auswirkungen im Körper. Wenn Sie den

Berg nicht bis ganz nach oben erklimmen, dann sind Sie weniger angestrengt.

Den Körper schützen

Sobald wir uns mit Stress auseinandersetzen, bekommen wir es mit unserem Erbe aus der Steinzeit zu tun. Unser Körper kämpft noch immer mit gefährlichen Tieren oder sucht am liebsten sein Heil in der Flucht. Besonders dann, wenn der Gegner übermächtig scheint. Wir sind darauf ausgelegt, dass Stress zu Mobilisierung unserer körperlichen Kräfte führt.

Heutzutage wird jedoch weder geschlagen, noch geflohen, und so bleiben wir auf unserer Energie im wahrsten Sinne des Wortes sitzen. Die Hormone, die früher zu unserem Schutz bereitgestellt wurden, schwirren jetzt über längere Zeit munter im Körper umher. Verschiedene wissenschaftliche Studien haben bewiesen, dass dieser Zustand, vor allem dann, wenn er häufiger oder gar beständig vorkommt, den Körper schädigt. Die Deutsche Gesellschaft für Endokrinologie, die sich unter anderem mit Hormonen beschäftigt, hat Anfang 2014 darauf aufmerksam gemacht, dass durch zu viele Stresshormone im Körper Erschöpfung und Überlastung erzeugt werden. Das Max-Planck-Institut in München verweist auf die Folgen für die Gesundheit. Die Immunabwehr wird schwächer, der Blutdruck kann steigen oder das allgemeine Nervensystem kann mit Schlaflo-sigkeit reagieren. Selbst andere Hormone werden in Mitleidenschaft gezogen. Ein Teufelskreis entsteht.

Die Rückbesinnung auf die eigentlichen Aufgaben von Stress hilft uns dabei, ihm entgegenzuwirken. Erinnern wir uns: Kämpfen oder flüchten hieß die Devise. Beides ist mit körperlicher Aktivität verbunden. Um unseren modernen Stress besser zu managen, müssen wir uns mehr bewegen. Da hilft nichts – basta!

Sich mit dem inneren Antreiber verbünden

Um sich selbst zu verändern, bedarf es einer Änderung der eigenen Einstellung. Nicht die Selbstoptimierung ist die Lösung, sondern vielmehr die Erkenntnis, dass man Angelegenheiten auch anders sehen kann. Wenn Sie beispielsweise mit der Überzeugung gelebt haben, dass nur Dinge, die perfekt laufen, erfolgreich sind, dann können Sie Ihr Stresserleben dauerhaft umgestalten, wenn Sie sich von dieser Vorstellung verabschieden. Jeder von uns hat eine Menge solcher Anschauungen. Werden Sie sich ihrer bewusst und werfen Sie diese über Bord. Das mag sicherlich eine schwere Aufgabe sein. Schließlich sind Sie schon Ihr Leben lang mit diesen Ansichten durch die Welt gewandert.

Doch die gute Nachricht lautet: Alle Leitsätze sind gelernt. Man kann sie also ebenso wieder verlernen und durch neue ersetzen. Der innere Antreiber, von dem bereits die Rede war, ist durchaus lernfähig. Bringen Sie dem Kerlchen bei, dass man etwas auch wertfrei wahrnehmen kann. Das bedarf einiger Übung, aber gelingt eigentlich immer. Dazu später mehr.

8. Das A und O: Entspannung

Stress bedeutet Anspannung. Das spüren Sie immer dann, wenn Sie in einer akuten Stress-Situation sind. Aufgrund der körperlichen Vorgänge, reagieren in erster Linie die Muskeln, die für den Kampf- oder Fluchtimpuls gebraucht werden. Das sind neben der Muskulatur des Bewegungsapparates auch die im Körperinneren. Denken Sie nur einmal an den „Stein im Bauch", wenn sich die Magenwand verkrampft. Darum hat für ein erfolgreiches, langfristiges und präventives Stressmanagement der Ausgleich durch Entspannung absoluten Vorrang.

Wie oft sind wir in Situationen, in denen man den Stress nicht so hinter sich lassen kann. Umso mehr sollten wir darauf achten, im Stress gesund zu bleiben. Mit Entspannungstechniken gelingt Ihnen ein positiver Einfluss auf Körper und Geist.

Sie werden aktiv und nehmen bereits mit der ersten Entspannungsübung schädliche Stressreaktionen aus Ihrem Körper. Physiologisch gesehen hat bewusste Entspannung einen direkten Einfluss auf die Sympathikus-Aktivität. Der Nerv gehört zu unserem unbewussten, also vegetativen System und erhöht unter anderem den Blutdruck und die Herzfrequenz. Untersuchungen im neurobiologischen Bereich haben gezeigt, dass bei gezielter Entspannung, die Konzentration bestimmter Botenstoffe ansteigt. Diese wiederum blockieren Stresshormone und deren Auswirkungen.

Damit ein dauerhafter Effekt erreicht wird, sollten Sie ein systematisches Verfahren zur Entspannung wählen. Im Gegensatz zu unstrukturierten Varianten, wie etwa ein heißes Bad nehmen, Musik hören oder shoppen gehen, erreichen Sie mit regelmäßigen Trainings eine Art Automatisierung. Damit fällt es Ihnen deutlich leichter, in die gewünschte Entlastung zu kommen. Man spricht von einer reproduzierbaren Erfahrung. Das erleichtert natürlich den Weg zur persönlichen Erholung. Außerdem erzielen Sie eine langfristige Wirkung über die aktuellen Übungen hinaus.

Grundsätzlich hilft jede der vielen unterschiedlichen Entspannungstechniken. Ihre Aufgabe ist es herauszufinden, mit welcher Technik Sie am besten klar kommen. Manche wirken eher passiv, bei anderen ist Aktion angesagt. Welche Sie letztlich aussuchen, sollte einzig von Ihrer Befindlichkeit abhängen. Im Prinzip erfüllen alle Methoden das, was man sich von einer Entspannungstechnik erhofft. Sie ermöglichen Distanz zum Stressauslöser, helfen bei der Regeneration der vorhandenen Ressourcen und bereiten den Organismus auf kommende Belastungen vor. Da ausführliche Anleitungen den Rahmen des Buches bei weitem sprengen würden, möchte ich Ihnen jeweils eine Art „Schnupperübung" der gängigen Möglichkeiten vorstellen. So spüren Sie vielleicht, was Ihnen liegt. Weiterführend empfehle ich Ihnen Volkshochschulkurse – zum Beispiel für PMR oder Yoga. Autogenes Training lässt sich sehr gut mit geeigneten CDs üben.

Oft scheitern die Vorsätze, Entspannungsübungen durchzuführen, an mangelnder Zeit. Überlegen Sie am besten vorher, wann Ihre „Entspannungszeit" in Ihren Tagesablauf passt. Machen Sie ein Ritual daraus. So wie Sie sich morgens und abends die Zähne putzen, sollten Sie eine regelmäßige viertel oder halbe Stunde für sich einplanen. Optimal wäre es, wenn Ihnen die Übungen in Fleisch und Blut übergingen.

Bitte glauben Sie nicht, dass Entspannungsübungen mit Faulheit gleichzusetzen sind. Ganz im Gegenteil! Sie arbeiten aktiv an Ihren körperlichen und seelischen Kräften. Sie greifen selbstregulierend in potenziell krankmachende Prozesse ein.

Noch eine Kleinigkeit: Die meisten der gesetzlichen Krankenkassen bezuschussen zertifizierte Kurse für Entspannungstechniken. Fragen Sie doch einfach einmal nach.

Progressive Muskelentspannung (PMR) – die Entspannung spüren

Bei Termindruck und Überlastung, bei Ärger und Hektik, also bei Stress jeder Art, spannen sich unsere Muskeln an. Das hängt eng mit unserem

Kampf- oder Fluchtreflex zusammen. Der Stress sagt dem Körper: Gleich geht es los! Mach dich bereit. Da wir, wie Sie schon gelesen haben, im Normalfall wenige Chancen nutzen können, um unsere körperliche Anspannung bei Stress loszuwerden, neigen wir zu einem anhaltend erhöhten Muskeltonus. Besonders der Nackenbereich macht sich gerne auf unangenehme Weise bemerkbar. Die Folge sind Kopfschmerzen, vielleicht sogar mit Bewegungseinschränkungen. Wer dies am eigenen Leib erlebt hat weiß, wie schwierig es ist, die angespannten Muskeln wieder zu lockern.

Progressive Muskelentspannung setzt genau hier ein. Sie entkrampft den verhärteten Bewegungsapparat. Das Verfahren geht auf Edmund Jacobson, einen amerikanischer Arzt und Physiologen, zurück. Er entwickelte vor fast hundert Jahren dieses Training. Dabei handelt es sich um eine Technik, die Sie in die Lage versetzt, die Tension in Ihren Muskeln zu kontrollieren. Die Überlegung, die dahinter steht, ist verblüffend einfach. Jacobson hat herausgefunden, dass derjenige, der Anspannung und Entspannung bewusst wahrnimmt, das Loslassen durch eine einfache körperliche Schulung jederzeit steuern kann. Für Sie bedeutet das, Ihre Aufmerksamkeit auf Überlastungssymptome hilft Ihnen, dem Stress frühzeitig ein Entspannungsprogramm entgegenzusetzen. Übrigens kann man die Übungen, sobald man den Dreh raus hat, jederzeit unauffällig ausführen. Stellen Sie sich vor, Sie müssen gleich eine wichtige Präsentation halten. Kurz vorher einige Muskeln, die Sie gerade nicht brauchen, an- und wieder entspannt, und schon ist Ihr Stresslevel um einige Stufen gesunken. Das klappt auch beispielsweise bei Flügen, wenn Sie unter Flugangst leiden oder anderen akut belastenden Situationen.

Seit der Zeit von Jacobsen sind für die PMR einige Verbesserungen entwickelt worden. Sie wurde verkürzt und verschiedene Muskeln wurden zusammengefasst. Nach wie vor lässt sie den Unterschied zwischen Anspannung und Entspannung körperlich fühlen. Muskel für Muskel, später ganze Muskelgruppen, wird erst angespannt. Dabei sollte man die Spannung rund zehn Sekunden halten. Sie darf deutlich, aber nicht schmerzhaft sein. Anschließend wird gezielt wieder gelöst. Dabei achtet man auf den Gegensatz.

Da man die Progressive Muskelentspannung recht schnell erlernen und ohne große Umstände ausführen kann, wird sie von vielen Menschen als ausgesprochen wirksam empfunden. Sie gehört zudem zu den am besten untersuchten Entspannungsmethoden. In einer Metastudie, die eine Vielzahl von fachlichen Untersuchungen bündelt, erfasste der Psychologe Klaus Grawe 1994 wissenschaftlich fundierte Wirksamkeitsstudien. Danach hat die PMR einen breiten Anwendungsbereich. Von Stress, Angst und Ärger bis zu typischen psychosomatischen Erkrankungen, wie dem unangenehmen Reizdarm oder funktionelle Herz-Kreislaufstörungen reicht das Spektrum der positiven Effekte. Auch chronische Schmerzen kann die Muskelrelaxion lindern.

Müssen Sie etwas beachten?
Wenn Sie mit Übungen zur Progressiven Muskelentspannung beginnen, sollten Sie bei körperlichen Erkrankungen und Beeinträchtigungen, die Auswirkungen auf Ihren Bewegungsapparat haben, vorher mit Ihrem Arzt sprechen. Dazu gehören Muskelparesen oder Nervenschädigungen. In der Regel wird die Progressive Muskelentspannung gut vertragen. Bedenken Sie jedoch, dass Sie für sich selbst verantwortlich sind. Wie bei fast allen Entspannungsübungen ist ein ruhiger, angenehmer Platz genau richtig, damit Sie auch äußerlich dem Stress entfliehen. Progressive Muskelentspannung (PMR) lässt sich hervorragend im Bett praktizieren. Die ganze Sache funktioniert leichter, wenn Sie vorher nicht allzu schwer gegessen haben. Alkohol ist ebenfalls hinderlich.

Aktiv
So geht's
Versuchen Sie, bevor Sie beginnen, erst einmal "anzukommen", also mit ein paar ruhigen

Atemzügen den aktuellen Stress und die Hektik des Alltags herauszunehmen. Bitte halten Sie während der Spannungsphase nicht die Luft an. Dazu neigt man hin und wieder, wenn man es besonders gut machen möchte.

Hände und Arme
Legen Sie sich bequem auf den Rücken, und ballen Sie die rechte Hand zur Faust. Halten Sie diese Anspannung über ungefähr 10 Sekunden. Lassen Sie dann los. Spüren Sie in den Prozess der Entspannung hinein.

Spannen Sie nun den rechten Unterarm an. Lassen Sie nach ein paar Sekunden locker. Verfahren Sie mit dem Oberarm, indem Sie wie ein Bodybuilder den Arm Richtung Schulter ziehen. Entspannen Sie ihn wieder.

Wiederholen Sie die Übungen mit der linken Hand, dem linken Unterarm und dem linken Oberarm.

Stirn
Legen Sie Ihre Stirn in Falten, als wären Sie furchtbar böse. Bewusste Entspannung nach etwa 10 Sekunden.

Augen, Wangen und Mund
Schneiden Sie eine Grimasse mit Augen und Wangen. Es darf ruhig lustig aussehen. Öffnen Sie den Mund soweit Sie können, und lassen Sie dann wieder locker.

Hals und Nacken

Spannen Sie Hals und Nacken an. Seien Sie an dieser Stelle bitte achtsam, da hier bei vielen von uns häufig besonders viele Verspannungen vorliegen.

Schultern

Ziehen Sie beide Schultern hoch zu den Ohren. Lösen Sie sie wieder nach den üblichen 10 Sekunden.

Wandern Sie auf diese Weise durch Ihren Körper bis zu den Füßen. Fühlen Sie dabei nach jeder Anspannung die Entspannung in den einzelnen Muskeln. Mit der Zeit bekommen Sie mehr Gefühl für den Tonus in Ihren Muskeln. Zusätzlich fällt es Ihnen leichter, in die Entspannung zu kommen. Wenn Sie geübter sind, können Sie sich auch nur mit einzelnen Partien des Körpers beschäftigen – dort wo Ihrer Erfahrung nach die größte Belastung sitzt. Mit der Progressiven Muskelentspannung ist es wie mit jeder Maßnahme gegen Stress: Beständigkeit ist der Schlüssel zum Erfolg.

Autogenes Training (AT) – mehr als Ruhe und Schwere

Beim Autogenen Training steht die eigenständige, selbst erzeugte Beruhigung mithilfe von Schwereübungen und affirmativen Sätzen im

Vordergrund. Die Entspannung verbindet das Körpergefühl mit Ruheformeln, die durch Übung im Gehirn verankert werden. Das hört sich schwierig an, funktioniert aber recht einfach. Simpel ausgedrückt, hypnotisieren Sie sich dabei selbst. Zudem erlangen Sie eine ausgeprägte Form von Konzentration.

Idealerweise erlernen Sie das Autogene Training durch die Anweisung eines geschulten AT-Trainers. Gerade am Anfang, wenn Sie noch unter Stress stehen oder nervös sind, gelingt es Ihnen damit leichter, zur Ruhe zu kommen. Ein guter Mentor weist Sie auch auf mögliche Fehler hin. Achten Sie jedoch unbedingt darauf, dass Sie sich mit dem Lehrer wohl fühlen. Seine Stimme muss für Sie ebenso angenehm sein, wie das Ambiente, in dem der Kurs stattfindet.

Das AT gliedert sich in eine Unter- und Oberstufe. Für die Reduktion einer Stress-Symptomatik reicht bereits das Erlernen der Unterstufen-Affirmationen. Die Oberstufe ist eher meditativ. Natürlich ist diese dann etwas für Sie, wenn Sie Autogenes Training intensiver betreiben wollen.

Der Ablauf einer Übungsfolge in der Unterstufe dauert nicht mehr als höchstens vier Minuten. Nach einiger Zeit fassen Sie z. B. die Schweresätze zu einem einzigen zusammen (Mein Körper ist angenehm schwer). Das verkürzt die Dauer drastisch. Man sagt, je häufiger und kürzer Autogenes Training gepflegt wird, desto hilfreicher wird es. Kurzfristig erreichen Sie durch AT ein Gefühl von Erholung. Langfristig verändert Sie krankmachende Persönlichkeitsanteile. So soll sich laut wissenschaftlicher Untersuchungen, die Neigung zu Depressionen vermindern.

Super gut funktioniert AT bei Erschöpfungszuständen, Schmerzen, Nervosität, Konzentrationsschwäche oder Problemen mit der Selbstbestimmung und Selbstwahrnehmung.

Weniger angezeigt ist das Autogene Training, wenn Sie unter Herzrhythmusstörungen leiden, Asthma haben oder zu Angstzuständen neigen. Die Konzentration auf Vorgänge im Körper kann bei manchen Menschen zu Fehlinterpretationen führen. Sprechen Sie dann vorher unbedingt mit Ihrem Arzt.

Aktiv
Eine kleine Schnupperübung
Legen Sie sich bequem hin. Achten Sie darauf, dass Sie nicht gestört werden. Schließen Sie die Augen. Atmen Sie tief ein und wieder aus. Spüren Sie Ihren Körper auf der Unterlage. Sagen Sie in Gedanken: „Meine Arme und Beine sind ganz schwer." Geben Sie sich dem entlastenden Gefühl hin. Wiederholen Sie die

Formel mehrfach, bis Sie Ihre Extremitäten fest und müde auf Ihrer Unterlage empfinden.

Formulieren Sie nun geistig: „Ich bin ruhig und gelassen. Meine Gedanken ziehen vorbei." Versuchen Sie nicht, das, was Ihnen in den Kopf kommt, festzuhalten. Wenn Sie bemerken, dass Sie sich zu sehr mit einer Idee beschäftigen, wiederholen Sie den Ruhesatz, und geben Sie Ihren Gedanken erneut Raum zu fließen. Alles kann, nichts muss.

Genießen Sie das körperliche Loslassen. Ist es genug, atmen Sie erneut tief ein und wieder aus. Mit den Worten: „Ich bin frisch und erholt" holen Sie sich in die Realität zurück. Strecken und räkeln Sie sich.

Wie schon gesagt, ist dies nur ein minimales Hineinschnuppern in die Technik des Autogenen Trainings. Neben der Schwereübung gibt es Formeln für Wärme, zur Beruhigung des Herzens und der Atmung, für das Nervengeflecht des Solarplexus und für einen kühlen Kopf.

Man muss auch nicht unbedingt liegen. Eine typische Haltung beim Autogenen Training ist die „Kutscherhaltung". Dabei sitzt man, wie ehedem die Kutscher auf dem Bock, nach vorne übergesunken auf einem Stuhl oder im Sessel. Welche

Stellung man auch immer wählt, ist vor allem Geschmacksache und von der eigenen Bequemlichkeit abhängig. Sollten Sie an Asthma leiden oder häufig Kopfschmerzen haben, ist ein Gespräch mit Ihrem Arzt sinnvoll. Auch wenn Sie sich beim Üben unwohl fühlen, sollten Sie die Trainingsfolge unterbrechen. Ziel ist, dass es Ihnen gut geht.

Gemeinsam haben alle Suggestionen beim Autogenen Training, dass Sie vom Körper auf den Geist wirken. Sie befreien sich zunehmend von allem, was Sie belastet. Sie können Verspannungen lösen und helfen, wieder in einen gesunden natürlichen Fluss zu kommen.

Meditation – uralte Weisheit für den Geist

Meditation ist eine der wirksamsten Hilfen gegen die Auswirkungen von Stress. Im Gegensatz zu anderen, körperbetonten Techniken, wirkt sie ausschließlich über den Geist. Sie klärt die Gedanken, fördert die Konzentration und nimmt gleichwohl Einfluss auf physische Vorgänge.

Der Ursprung der Meditation liegt in den geistigen Weltanschauungen Asiens. Dort ist sie, beispielsweise im Buddhismus, ein wichtiger Bestandteil der Religionsausübung. Der Nutzen des Meditierens ist auch losgelöst von den spirituellen Ansätzen wissenschaftlich erwiesen. Zahlreiche Untersuchungen haben gezeigt, dass eine regelmäßige Meditation genau jene körperlichen Vorgänge positiv beeinflusst, die bei Stress Schaden nehmen.

So hat bereits 2002 der amerikanische Hirnforscher Richard Davidson mit seinem Team an der Universität von Wisconsin den Nachweis erbracht, wie meditieren das Immunsystem stärkt und das Wohlbefinden steigert. Eine Gruppe von Probanden erhielt Unterweisungen in Meditation. Über acht Wochen hinweg meditierten die Teilnehmer konsequent zuhause. Eine weitere Gruppe fungierte als Kontrollorgan ohne die geleitete Versenkung. Bei Hirnstrommessungen zeigten diejenigen, die trainiert hatten, aktivere Gehirntätigkeiten im Bereich der linken Hirnrinde. Dort werden die angenehmen Gefühle bewusst. Außerdem wurden alle Personen gegen Grippe geimpft. Nach vier und acht Wochen erhoben die Wissenschaftler den Status der Antikörper. Auch hier lagen die Meditierenden klar vorne. Sie hatten mehr dieser immunrelevanten Stoffe gebildet. Heute geht man davon aus, dass kontinuierliches Meditieren nicht nur das Immunsystem anregt, sondern auch die Herzfrequenz reguliert, den Blutdruck senkt und den Serotoninspiegel erhöht.

Damit Sie möglichst schnell ausprobieren können, ob Meditieren etwas für Sie ist, ist das Ausüben einer moderaten Form am Anfang sinnvoll.

Dazu gehören die Arten, die mit einer gleichförmigen Bewegung verbunden sind. Ruhe- oder Stille- Meditationen fallen Einsteigern erfahrungsgemäß etwas schwerer. Konzentrations-Meditationen sind eine weitere Stufe, die nur wenige Anfänger für sich passend finden. Aber wer weiß, vielleicht sind Sie ja ein Naturtalent. Probieren Sie einfach aus, was Ihnen gut tut.

Es gibt viele verschiedene Auslegungen von Meditation. Am einfachsten lässt sie sich damit beschreiben, dass Meditieren innerlich stattfindet. Das klingt erst einmal völlig unvereinbar, wenn man an Geh- oder Tanzmeditationen denkt. Tatsächlich aber bedeutet es für den Anwender einen Schnitt im Fluss seiner Gedanken zu machen und alles loszulassen, was bedrückt.

Ich stelle Ihnen hier kurz eine Meditation im Gehen vor. Gerade wem es schwer fällt, aus dem Stress heraus „runter" zu kommen, erährt damit die Gelegenheit, auf den Augenblick zurückgeführt zu werden. Sollte Ihnen also die Vorstellung des Nichtstuns noch etwas unbehaglich sein, testen Sie die wohltuenden Aspekte einer Meditation mit dieser Aufmerksamkeitsübung:

Aktiv
Beginnen Sie mit einer Strecke, die ganz selbstverständlich zu Ihrem Alltag gehört. Eine, die Sie gewissermaßen automatisch gehen.

Der Weg vom Parkplatz zum Büro oder der Gang mit dem Hund um den Block. Ihrer Fantasie sind keine Grenzen gesetzt. Sie finden sicher etwas für Sie Passendes.

Richten Sie Ihre Aufmerksamkeit vollständig auf die Bewegung des Gehens. Achten Sie auf die Länge Ihrer Schritte. Spüren Sie, wie Sie Ihre Füße aufsetzen, wie Sie Ihr Gewicht verlagern und wie sie schließlich abrollen.
Wie ist Ihre Haltung beim Gehen? Ihr Tempo?

Durch die Achtsamkeit auf Ihre Bewegungen lernen Sie, Ihre Gedanken zu bündeln. Nehmen Sie nur wahr und versuchen Sie nicht, irgendetwas aktiv zu beeinflussen. Eine Meditation wertet nicht, sondern lenkt die volle Aufmerksamkeit auf Ihre augenblickliche Existenz. Sie werden zum Beobachter.

Yoga - Viele Wege führen zur Entspannung

Yoga ist in seiner traditionellen Form weitaus mehr als nur eine Entspannungsmethode. Es verbindet praktische Übungen mit Lebensansichten. Man könnte Yoga darum auch als philosophisches System betrachten. Für uns Durchschnitts-Stress-Gebeutelten mag sich das recht komplex anhören. Nicht jeder möchte vollkommen in die Gedankenwelt des Yoga eintauchen. Aber selbst ohne diesen Hintergrund entfaltet Yoga seine wohltuende Wirkung und steigert die Vitalität.

Obwohl Yoga bei uns recht beliebt ist, gehört es zu den wissenschaftlich eher weniger erforschten Techniken. Möglicherweise liegt das an den verschiedenen Praktiken, die es beim Yoga gibt. Das erschwert eindeutige und damit auch allgemeingültige Untersuchungsergebnisse. Nichtsdestotrotz hat Yoga spürbar beruhigende, aufbauende Effekte.

Am bekanntesten ist sicherlich das Hatha-Yoga. Dabei wird mit körperlichen Übungen, den Asanas, und mit bewusstem Atmen, dem Pranayama, gearbeitet. Der Ausführende versucht, beides in eine angemessene Balance zu bringen. Das Ziel liegt darin, den Körper insoweit zu beherrschen, dass er aus sich selbst heraus gesunden kann.

Neben dem Hatha-Yoga gibt es beispielsweise noch das Kundalini-Yoga, bei dem das richtige Atmen im Vordergrund steht oder Ashtanga-Yoga, das sehr dynamisch ist. Nada-Yoga ist rein spirituell, achtet auf Klänge und gehört zu den ältesten Yoga Traditionen. Dazu kommen moderne, sehr westliche Arten, wie das Pilates-Yoga, das Hormon-Yoga, Power-Yoga oder Bikram-Yoga. Die Liste ist lang.

Verschiedene Untersuchungen deuten darauf hin, dass besonders das Hatha-Yoga langfristig einen günstigen Einfluss auf die Herz- und Atem-frequenz hat. Die Studien im Bereich des Wohl-befindens sind schwer einzuordnen. Aber auch das gute Gefühl scheint sich zu verbessern, wenn man regelmäßig Yoga ausübt. Dies wird immer wieder von aktiven Yoga-Anhängern berichtet, die sich nach den Übungen erholt und kraftvoll fühlen.

Aktiv

Da Yoga aus einer Abfolge von Bewegungen besteht, ist es schwierig, einzelne Übungen herauszugreifen. Dennoch stelle ich Ihnen zwei davon vor, damit Sie einen Eindruck da-von bekommen. Es geht dabei wirklich nur um ein „Hineinschnuppern" Mit der entspannen-den und bereichernden Wirkung des gut geüb-ten Yoga hat dies natürlich nichts zu tun. Dazu empfehle ich Ihnen einen Kurs, beispielsweise an Ihrer örtlichen Volkshochschule.

Atemübungen - Pranayama

Im Yoga gibt es verschiedene Atemtechniken, die unterschiedliche Übung verlangen. Relativ einfach auszuprobieren ist die Bauchatmung. Stellen oder legen Sie sich, sodass Ihr Körper gerade ist. Am Anfang können Sie zur besseren Kontrolle die Hände auf der Nabelgegend platzieren. Atmen Sie langsam, aber tief ein, und spüren Sie, wie sich Ihr Bauch hebt. At-men Sie nun aus und lassen Sie dabei den

Bauch wieder einsinken. Wichtig ist, dass das Atmen ruhig und bewusst geschieht. Stellen Sie sich dabei am besten den fließenden Luftstrom vor, der Ihren Körper ausfüllt und wieder verlässt. Versuchen Sie, das Ein- und Ausatmen gleich lang zu gestalten.

Die Knieschaukel

Legen Sie sich flach auf eine dicke, aber stabile Unterlage, sodass Sie sich wohl fühlen. Ziehen Sie Ihre Beine an, und stellen Sie die Füße etwa hüftbreit auf den Boden. Atmen Sie ein. Umfassen Sie nun die Knie mit den Händen. Führen Sie diese in Richtung Bauch. Atmen Sie dabei wieder aus. Beim nächsten Einatmen bewegen Sie die Knie wieder langsam vom Körper weg. Wiederholen Sie den Ablauf langsam und bewusst solange, wie Sie sich gut dabei fühlen und spüren, dass sich Ihre Atmung im Rhythmus der Übung entspannt. Zum Abschluss strecken Sie Ihre Beine aus. Lassen Sie die Ruhe noch ein wenig nachwirken.

Jetzt kommt noch das Nachdenkerchen:

„Du kannst die Wellen nicht aufhalten,
aber Du kannst lernen zu surfen."
(Jon Kabat-Zinn)

9. Auf geht's – Mit Bewegung gegen Stress

Sport ist so anstrengend

Sie treiben bereits regelmäßig Sport? Herzlichen Glückwunsch! Dann sind Sie auf einem guten Weg.

Aller anderen sollten sich mit dem Gedanken an regelmäßige Bewegung anfreunden. Ohne die geht es nicht, wenn man seinen Stress dauerhaft in die Schranken weisen will. Schließlich ist Bewegung genau das, was der Körper für einen funktionierenden Stressabbau vorgesehen hat.

Nun ist es mit dem Sport für Nichtsportler so eine Sache. Schließlich hat es seine Gründe, warum man untrainiert ist. Dass ausreichend Bewegung ein probates Mittel gegen Stress ist, wissen Sie sicherlich. Sport fördert den Abbau von Stresshormonen und damit die Gesundheit. Theoretisch!

Praktisch verhindert der innere Schweinehund leider häufig, dass wir uns sportlich betätigen. Seine eingeflüsterten Argumente klingen einleuchtend. Sind wir nicht eigentlich viel zu unkoordiniert, um Sport zu betreiben? Und die Kilos auf den Hüften lassen uns keine gute Figur im Sportdress machen. Außerdem sind wir zeitlich gerade so im Stress, dass kein Platz für Sport bleibt. Zusätzlich kneift es im Rücken, was den Sport nicht gerade angenehm macht. Vielleicht kennen Sie selbst diese Ausreden - so oder so ähnlich. Als Ergebnis bleibt der Stress ein latenter Begleiter und die Gesundheit auf der Strecke.

Und dann gibt es noch die Mythen über Sport. Auch die bremsen uns aus, bevor wir überhaupt angefangen haben. Sie gaukeln uns vor, dass es sich eigentlich überhaupt nicht lohnt, sportlich aktiv zu sein. Vermutlich kommt Ihnen die eine oder andere Legende bekannt vor:

Man muss mindestens 30 Minuten trainieren, um einen positiven Effekt zu erzielen.
Jede, wirklich jede Bewegung, die Sie in Schwung bringt, verringert Ihren Stress. Sobald der Kreislauf in Fahrt gerät, werden Stresshormone abgebaut. Das schützt Ihre Gesundheit.

Um sinnvoll Sport zu treiben, muss man in ein Fitness-Center oder sich einem Verein anschließen.
Für manche sind Fitness-Center und Verein eine gute Motivation, um am sportlichen Ball zu bleiben. Voraussetzung sind sie nicht. Es gibt jede Menge Möglichkeiten auch zuhause (z. B. mithilfe von Videos) oder draußen (z. B. Walking) aktiv zu sein.

Man muss sich teure Sportbekleidung kaufen.
Außer einem Badeanzug beim Schwimmen brauchen Sie für keinen Sport anfänglich spezielle

Bekleidung. Ein T-Shirt, Sportschuhe und eine bequeme Hose reichen in der Regel aus.

Mit gesundheitlichen Beeinträchtigungen kann man keinen Sport treiben.
Fragen Sie bitte Ihren Arzt. Fast immer ist irgendeine Art von Sport möglich. Er muss dann eben genau auf Ihre Gesundheit angepasst sein.

Nach zu viel Stress ist man sowieso erschöpft, und Sport macht noch müder.
Normalerweise ist das Gegenteil der Fall. Zwar ermüden die großen Muskeln durch den Sport, der Geist wird jedoch wacher. Das liegt an den Endorphinen, die bei Bewegung frei werden. Dieser Mechanismus wirkt direkt gegen Stress.

Machen Sie sich klar, dass viele hemmende Vorstellungen, die man über den Sport hat, schlicht der Bequemlichkeit dienen. Der innere Schweinehund möchte, dass alles so bleibt, wie es ist. Veränderungen schätzt er überhaupt nicht. Aber: Sport lindert Ihren Stress und fördert Ihre Gesundheit, gleichgültig wie alt, wie gewichtig oder wie fit Sie sind. Darum lohnt es sich, Sport zumindest einmal auszuprobieren.

Die richtige Sportart ist der erste Schritt zum Erfolg. Sport soll Spaß machen. Die Freude daran ist ein wesentlicher Faktor, um Ihre Gesundheit zu erhalten. Begeisterung beim jeweiligen Sport

lässt den Körper sogenannte Glückshormone aus-
schütten. Nicht zuletzt sind diese Botenstoffe
hervorragend geeignet, um den Stress abzubauen
und die Gesundheit zu fördern. Wie aber finden
Sie eine Sportart, die wirklich so viel Vergnügen
bereitet, dass man konsequent dabei bleibt?
Schließlich gibt es beinahe unendlich viele Möglichkeiten, um sich zu bewegen. Nicht alles macht
jedem gleichermaßen Spaß.

Machen Sie sich darum ein paar Gedanken darüber, wo Ihre persönlichen Vorlieben beim Sport
liegen.

Sind Sie eher der Gruppentyp?
Sport zusammen mit anderen kann motivierend
sein. Außerdem ergeben sich aus dem gemeinsa-
men Sport oft auch weiterführende soziale Kon-
takte, die ebenfalls reduzierend auf Stress wirken.
Gymnastikkurse, aber auch Ballspiele wie Vol-
leyball kämen für Sie in Frage.

Sporteln Sie lieber alleine?
Vielleicht schätzen Sie mehr die Freiheit, immer
dann Sport zu treiben, wenn Ihnen danach ist.
Eventuell sind Sie auch zeitlich darauf angewie-
sen, flexibel zu bleiben. Dann sollten Sie
Schwimmen, Laufen oder Work-outs machen.
Auch ein Training zuhause mithilfe von Videos
wäre eine Möglichkeit.

Bevorzugen Sie den Wettkampf beim Sport?
Können Sie in der Konkurrenz so richtig aufdrehen? Sind Sie motiviert, wenn es am Ende Sieger gibt? Brauchen Sie den Ansporn, sich mit anderen zu messen? Wie wäre es mit Tennis, Fußball, Kegeln oder Bowling?

Legen Sie in erster Linie Wert auf den gesundheitlichen Aspekt beim Sport?
Falls Ihnen bestimmte Bereiche Ihrer Gesundheit besonders wichtig sind, wenn für Sie zum Beispiel die gezielte Entspannung gegen Stress im Vordergrund steht, dann sollten Sie Yoga, Wassergymnastik, Aerobic-Steppkurse oder Pilates in Erwägung ziehen.

Möchten Sie beim Sport das Angenehme mit dem Nützlichen verbinden?
Sie lieben Musik? Dann wäre Tanzen wunderbar. Gerade dieser Sport ist nicht nur extrem gut gegen Stress, sondern trainiert nebenbei auch Ihr Gehirn. Das haben Forscher in verschiedenen Untersuchungen festgestellt. Sollten Sie einen Hund haben, probieren Sie es mit Agility. Damit machen Sie gleichzeitig Ihrem Hund eine große Freude. Auch Gärtnern kann zu einer Art von Sport werden. Das bestätigt jeder, der einen Nachmittag im Garten verbracht hat. Und die Lieblingsserie im TV kann man auch genießen, während man auf den Hometrainer ein paar Kilometer radelt.

Brauchen Sie Abwechslung beim Sport?

Sobald Sie spüren, dass ein Sport langweilig wird, testen Sie etwas Neues. Sie müssen nicht bei einer Sache bleiben. Viel wichtiger ist es, dass Sie Spaß daran haben. Darum beachten Sie den Tipp aus dem ersten Teil dieser Reihe: Kaufen Sie sich nicht schon am Anfang eine komplette Ausstattung für Ihren Sport. Es geht auch einfach. Der Nutzen für Ihre Gesundheit und gegen Ihren Stress bleibt gleich. Das Schwierigste am Sport ist immer der Anfang. Fangen Sie darum langsam an. Nichts ist frustrierender, als sich einen 5-km-Lauf vorzunehmen und nach 200 Metern völlig groggy aufzugeben. Der Sport hilft Ihnen, Belastungen abzubauen. Er soll auf keinen Fall neue Aufregung erzeugen.

Wenn das Motivationsloch droht

Beim täglichen Spagat zwischen Familie und Beruf fühlen Sie sich vielleicht oft zu schlapp, um Sport zu treiben. Der Satz vom "stark anfangen und stark nachlassen" trifft leider oft auf Bewegung zu. Der Besuch im Fitness-Center ist dann mehr Pflicht als Kür. Und sich in die Sportklamotten zu werfen, eigentlich schon zu viel Aufwand. Ein Personaltrainer, der einen immer wieder anschubst, wäre natürlich eine feine Sache. Für die meisten von uns ist er jedoch schlicht nicht bezahlbar.

Woher dann den Spaß am Sport nehmen? Alles eine Frage der Motivation. Wie wäre es mit ein paar Tipps, um die Motivation wieder anzukurbeln?

Aktiv

Schreiben Sie sich den Grund, warum Sie gerne Sport treiben möchten, möglichst groß auf ein Blatt Papier. Das könnte beispielsweise "Stress verarbeiten" sein oder eines Ihrer Ziele, das Sie in einem der vorigen Kapitel benannt haben. Hängen Sie diesen Zettel an eine Stelle, die Sie gut sehen können, z. B. an den Schrank, in dem Sie Ihre Sport-Sachen aufbewahren. Wer weiß, warum er etwas tut, hat mehr Motivation, es dann auch auszuführen. Das gilt ganz besonders auch für Sport.

Setzen Sie sich kleine, erreichbare Ziele. Achten Sie darauf, dass Sie diese Ziele aus eigener Kraft erreichen können – und nicht zu deren Erreichung von anderen abhängig sind.

Formulieren Sie Ihre Ziele genau und messbar. Sie kennen das ja bereits aus unseren Zielformulierungen. Ein Beispiel wäre: Ich werde einmal pro Woche 30 Minuten schwimmen. Das ist klar und setzt Sie nicht erneut unter Stress.

Belohnen Sie sich für Ihre Motivation beim Sport, wenn Sie Ihr Ziel erreicht haben.

Variieren Sie, damit es nicht langweilig wird. Wer dreimal in der Woche immer dieselbe Strecke läuft, wer dauernd nur Gewichte hebt, wird irgendwann in Langeweile versinken. Motivation bedeutet auch, sich stets neue Reize zu verschaffen. Damit bleibt der Sport interessant.

Achten Sie auf sich. Wenn Sie sich unwohl fühlen, krank sind oder eine Verletzung haben, lassen Sie den Sport sein. Abgesehen von den gesundheitlichen Gefahren, ist Ihr Körper durch die aktuelle, physische Missempfindung belastet. Er würde sich die unguten Gefühle merken und mit Bewegung in Zusammenhang bringen. Das erschwert die Motivation für die Zukunft.

Erinnern Sie sich an gute Emotionen, die Sie nach dem Sport hatten. Fühlten Sie sich angenehm ausgepowert? Waren Sie stolz darauf, Sport getrieben zu haben? Vergegenwärtigen Sie es sich so plastisch wie möglich. Machen Sie sich klar, dass Sie dieses Gefühl wiederbekommen, wenn Sie weiter Sport treiben. So pflegen Sie Ihre Seele und entlasten sich von Stress. Sie wissen ja: Glück ist das beste Mittel gegen jede Art von Stress.

Verbannen Sie Ihre persönlichen Motivations-killer. Zuhause angekommen, erst noch fünf Minuten vor dem Fernseher abhängen, bevor es zum Sport geht? Das wird leicht zur Falle. Nach solchen fünf Minuten wieder hochzu-kommen und mit Motivation ans Werk gehen, ist extrem schwierig. Haben Sie auch solche Stolpersteine auf dem Weg, sich mehr zu be-wegen? Machen Sie einen großen Bogen drum herum.

Bauen Sie Bewegung in den Alltag ein. Da je-de Bewegung gut tut, ist auch die kleinste Ak-tivität besser, als gar nichts. Selbst im durch-strukturiertesten Tag finden sich Nischen, die Sie zur Bewegung nutzen können.

Es geht gleich weiter:

Aktiv
Statt mit dem Lift oder der Rolltreppe zu fah-ren, nehmen Sie ab heute die Treppe. Bei öf-fentlichen Nah-Verkehrsmitteln steigen Sie ei-ne Station früher aus und gehen den Rest des Weges zu Fuß.

Sind Sie mit dem Auto unterwegs? Dann par-ken Sie so, dass Sie noch etwas gehen können, um zum Ziel zu gelangen.

Gehen Sie beim Telefonieren hin und her, sofern es niemanden stört. Bleiben Sie bei jedem Telefonat in Bewegung.

In der Mittagspause oder am Abend drehen Sie eine Runde um den Block. Das lüftet nebenbei auch die Gedanken und fördert die Konzentration.

Wann immer es geht, schwingen Sie sich aufs Fahrrad. Oft geht es damit genauso schnell, wie mit dem Auto.

Gehen Sie in Gedanken Ihren Alltag durch. An welchen Stellen könnten Sie mehr Aktivität einbauen? Bitte überlegen Sie sich mindestens drei Gelegenheiten, bei denen Sie im täglichen Leben in Bewegung kommen können.

Nehmen Sie Ihre Zeit für den Sport als persönliches Geschenk wahr. Die Zeit in der Sie sich bewegen, gehört ganz allein Ihnen. Wie bei einer Meditation gibt Ihnen der Sport die Möglichkeit, den Stress, Ihre übliche Umgebung und alle täglichen Probleme auszuschalten. Nichts von außen hat während Ihres Sports die Macht, den Augenblick zu beeinflussen. Nichts muss bedacht und nichts gelöst werden. Alles hat Zeit bis später. Üben Sie sich darin, diese Phase als Bereicherung zu betrachten. Nicht nur die Bewegung wirkt positiv für Ihre Stressbewältigung, sondern auch die

Auszeit vom täglichen Geschehen hat einen günstigen Einfluss darauf. Sport ist Ihre Gabe an sich selbst.

Das Nachdenkerchen darf auch hier nicht fehlen:

Erholung besteht nicht unbedingt im Nichtstun,
sondern in dem, was wir sonst nicht tun.
(Paul Hörbiger)

10. Darf ich vorstellen: Ihr innerer Antreiber

Sehen wir uns nun einmal jenes Kerlchen in uns genauer an. Der innere Antreiber lebt seit unserer Kindheit in uns. Er ist das Gemisch aus Erziehung und Erfahrung. Seine Kommentare sind eine der Hauptursachen für unseren Stress.

Ja, Sie haben völlig richtig gelesen. Es geht nicht darum, den inneren Antreiber zu bekämpfen oder ihn zu ersetzen, kurz: ihn in die Wüste zu schicken. Ihr innerer Antreiber ist ein wertvoller Partner mit vielen guten Seiten. Dank seiner Kraft sind Sie zielstrebig, engagiert, sorgfältig, einfühlsam und vieles mehr. Sie verdanken ihm eine Menge Fähigkeiten. Er ist es, der Ihnen Ideale vermittelt. Dank Ihres inneren Antreibers streben Sie danach, gut durchs Leben zu kommen. Er sorgt dafür, dass Sie sich bemühen und anstrengen. Das bringt Sie weiter und ist überhaupt nicht negativ.

Erst wenn er Sie so sehr beim Wickel hat, dass Sie sich ihm ausgeliefert fühlen, wird die Sache heikel. Dann entsteht Stress.

Deswegen ist es die beste Strategie, konstruktiv mit ihm zusammen zu arbeiten. Nehmen Sie das Gute, lassen Sie das Schlechte. Auf diesen einfachen Satz kann ein sinnvolles Stressmanagement mit dem inneren Antreiber reduziert werden.

Das ermöglicht Ihnen, die Möglichkeiten des inneren Antreibers weiter zu nutzen, seine Allgemeingültigkeit jedoch zu relativieren. Zudem sind radikale Änderungen der eigenen Einstellung oft nur schwierig zu bewerkstelligen. Schließlich fährt man damit ja bereits ein ganzes Leben lang. Es wäre auch nicht sinnvoll, von nun an das Gegenteil seiner Glaubenssätze zu leben. Sich beispielsweise um Perfektion zu bemühen, ist bei manchen Berufen schlicht nötig. Wer gerade im OP unter dem Messer liegt, wünscht sich einen perfekten Chirurgen. Auch beim Fliegen sollten die Piloten ihren Job optimal beherrschen. Und Lässigkeit im Atomkraftwerk führt zu Folgen, die sich niemand ausmalen mag.

Das Manko des inneren Antreibers liegt, wie bereits gesagt, darin, dass er absolutistisch ist. Er lässt keine halben Sachen zu. Entweder verhält man sich so, wie er es verlangt und zwar bis aufs i-Tüpfelchen, oder er straft mit seinen niedermachenden Eingebungen gnadenlos ab. Fällt man dann auf seine Thesen herein, hat man verloren. Sobald er zum Herrscher wird, ist es mit klaren Gedanken und ruhigem Nachdenken vorbei.

Außerdem zeigt er Scheinlösungen auf. Fühlen Sie sich beispielsweise schlecht, weil Sie in Arbeit ersticken, macht er Ihnen weis, dass Sie besser wären, wenn Sie sich beeilen würden. Er verknüpft also Ihren Wert als Person mit einem ganz bestimmten Verhalten. Der innere Antreiber gaukelt Ihnen vor, Sie wären wichtiger, liebenswerter, angesehener, respektabler oder einfach nur mehr in Ordnung, wenn Sie seinen Regeln folgten. Damit ändern Sie nichts an der Grundsituation. Sie managen allenfalls Ihre unangenehmen Gefühle. Der innere Antreiber funktioniert immer nur kurzfristig. Langfristig gesehen hilft er Ihnen nicht weiter. Am Ende geraten Sie in noch mehr Stress.

Um Ihren persönlichen Antreiber kennen zu lernen, ist es gut, sich die eigenen Denkmuster genauer ansehen. Die verraten eine Menge über die Glaubenssätze, mit denen Ihr Antreiber arbeitet. Durch diese suggeriert er Ihnen, dass das Leben so oder so ist ... und zwar immer so ist! Ohne Ausnahme. Seine Überzeugung beruht auf Ihren Erfahrungen und Ihrer Erziehung. Das hat Ihnen bis zu einem gewissen Grad geholfen, die Welt zu verstehen und hat Ihnen Sicherheit gegeben.

Meist hat man verschiedene Antreiber in sich. In der Regel hat jedoch einer die Oberhand und spielt den Häuptling. Seine Stimme dringt am lautesten durch. Er verlangt am vordringlichsten nach der Befriedigung seiner Vorstellungen.

Im Anhang zu diesem Buch finden Sie einen einfachen Fragebogen, der Ihnen auf die allerersten Sprünge helfen soll. Damit können Sie bereits eine grobe Richtung erkennen, in die Sie Ihr Kerlchen treibt. Ein bisschen eingehender wollen wir uns die einzelnen Varianten des inneren Antreibers hier ansehen:

Aktiv
Sehen Sie sich den Fragebogen zum inneren Antreiber am Schluss des Buches an und wählen Sie die für Sie passenden Kästchen aus. Damit bekommen Sie heraus, mit welchen Sätzen, Ihr Stressverstärker arbeitet. In der Regel hat jeder nicht nur einen klaren inneren Antreiber, sondern eine Mischung aus verschiedenen.

Sei perfekt!

Ist Ihr Antreiber vor allem im Perfektionismus aktiv, haben Sie eine Menge Vorzüge. Diese zeigen sich darin, dass Sie aller Wahrscheinlichkeit nach sehr gut organisiert sind. Alles, was mit komplexen Vorgängen zu tun hat, dürft Ihr Metier sein. Menschen wie Sie sind absolut zuverlässig. Darum wären Sie ein eins a Jurist oder Chirurg. Aller Gebiete, die ein hohes Maß an Genauigkeit bedürfen, sind ideal für Sie. So könnten Sie sich besonders gut im IT-Bereich, bei mathematischen oder naturwissenschaftlichen Aufgaben beweisen. Ihre Korrektheit wirkt dabei positiv auf Ihren Erfolg. Durch Ihre Sorgfalt weiß sich jeder bei Ihnen in guten Händen.

Die Rückseite der Medaille zeigt Ihren Stress. Fehlerfrei und stets meisterhaft zu sein, ist eher göttlich, als menschlich. Deshalb sind Sie häufig belastet, weil Sie vieles kontrollieren. Sollte Ihr innerer Antreiber auf Ihren Perfektionismus abzielen, dann wissen Sie, wie anstrengend das Leben ist. Sicher kennen Sie dann auch das Gefühl, alles noch genauer und noch besser machen zu wollen. Das kostet viel Zeit und Kraft im Alltag.

Haben Sie einen Sei perfekt-Antreiber, dann neigen Sie womöglich dazu, sich rechtfertigen zu wollen. Oder Sie nehmen Kritik schon einmal vorweg. Genau an dieser Stelle gilt es, Ihren inneren Antreiber zu stoppen. Denn hier wird aus dem positiven Ansporner ein negativer, dem Selbstwertgefühl schadender Tyrann. Dann bereitet er Ihnen Stress.

Beeil dich

Schneller sein, dann schaffen Sie alles. Bloß nicht ausruhen, sonst werden Sie nie fertig. Entspannung kommt irgendwann später. Sollten Ihnen Sätze so oder so ähnlich bekannt vorkommen, dann sorgt Ihr Beeil dich-Antreiber dafür, dass Sie ständig unter Strom stehen. Gibt es irgendwo einen Notfall, dann sind Sie die genau richtige Person. Durch Ihre Übung, unter Zeitdruck eine Situation schnell erfassen zu können und dann auch entsprechend zu handeln, behalten Sie den

Überblick. Ihnen fällt es leicht, rasche Entscheidungen zu treffen. Sie nutzen die Ihnen zur Verfügung stehende Zeit effektiv und erkennen dabei auch noch die möglichen Chancen. Zudem sind Sie in vielen Bereichen des Lebens ein Motor, der Dinge vorantreibt. Sie sind wie geschaffen für zukunftsweisende Projekte, denn eine Ihrer herausragenden Fähigkeiten ist Ihr Zielbewusstsein.

Allerdings zahlen Sie einen hohen Preis für Ihre Schnelligkeit. Nicht nur Ihre Psyche, auch Ihr Körper läuft meistens auf Hochtouren. Im Prinzip sind Sie dadurch das typische Bild eines gestressten Menschen. Muße ist nicht Ihr Ding. Für Ihre gesamte Persönlichkeit bedeutet dies, dass Sie mehr und mehr erschöpfen. Ihr innerer Antreiber führt Sie – wird er nicht an die fürsorgliche Leine genommen – in den Burn-out.

Mach es anderen recht

Mit einem inneren Antreiber, der Ihnen sagt, dass Sie vor allem anderen gefällig sein sollen, sind Sie ein richtig netter Zeitgenosse. Wenn mal Not am Mann ist, bittet man am besten Sie um Hilfe. Sie sind da, sofern man Zuspruch braucht. Sie gehören bestimmt zu den beliebtesten Kollegen im Job, und auch in Ihrer Freizeit kommen Sie bei andern gut an. Sie streben nach Ausgleich und Harmonie. Sie sind sehr sensibel im Umgang mit anderen und haben eine hohe soziale Kompetenz.

Das prädestiniert Sie für alle Aufgaben, bei denen Einfühlungsvermögen gefragt ist. Man fühlt sich in Ihrer Anwesenheit einfach wohl. In sozialen Berufen – egal ob als Arzt, Krankenschwester, Psychologe oder Pfarrer – sollten andere nach Verständnis suchen, bei Ihnen erfährt man Beistand und ehrliche Unterstützung.

Das bringt Ihnen jedoch einiges an Extra-Aufgaben ein. Ihr innerer Antreiber macht Ihnen weis, dass ein eindeutiges „Nein" dazu führt, weniger gemocht zu werden. Also werden Sie lieber zur Arbeitsbiene. Ihre eigenen Wünsche bleiben auf der Strecke. Sie setzen sich oft über Ihre eigenen Grenzen hinweg. Vielleicht kennen Sie diese nicht einmal genau. Dadurch wirken Sie auf andere vielfach konturlos und werden tatsächlich lediglich durch Ihre guten Taten wahrgenommen. Damit beißt sich die Katze in den Schwanz. Sie werden noch emsiger. Ihr Gefühl, für das Wohlergehen Ihrer Mitmenschen verantwortlich zu sein, halst Ihnen immer mehr Arbeit auf, und Sie gehen irgendwann vor lauter Stress Land unter. Überdies kostet es Sie viel Energie zu ahnen, was andere gerade brauchen. Menschen, die es anderen recht machen wollen, haben häufig den Anspruch an sich, einer Art vorauseilendem Gehorsam zu unterliegen. Das erschöpft und macht müde.

Sei stark

Von diesem Antreiber haben wir sicher alle etwas in uns. Mit jemandem an der Seite, dessen innerer Antreiber hauptsächlich „Sei stark" vermittelt, kann man sich sicher fühlen. Wenn Sie zu den Menschen gehören, die immer stark sein wollen, dann wissen Sie, mit welcher Kraft und mit welchem Engagement Sie sich Problemen stellen. Sie gehen auf Neues zu und wagen es. Bei Projekten sind Sie es, der die Dinge durch Verantwortung vorantreibt. Sie wirken belastbar. Damit unterstützen Sie diejenigen, die weniger Kraft haben. Eigenständigkeit und Unabhängigkeit sind weitere Attribute, die Sie auszeichnen. Im Grunde sind Helden und Heldinnen aus Ihrem Holz geschnitzt.

Doch auch die stärksten Kämpfer sind manchmal schwach. Diese Tatsache ist für den „Sei stark-Antreiber" nicht akzeptabel. Ihm ist es wichtig, dass Sie stets die Kontrolle behalten. Nachzulassen bedeutet geradezu ein Versagen. Beachten andere Ihre Bedürfnisse, kann es passieren, dass Sie dies weniger als freiwillig und freundlich erleben, sondern Ihrer Stärke zuschreiben. Ihre Sehnsucht nach Geborgenheit, Entgegenkommen und Fürsorge bleibt ungestillt. Wer jedoch immer auf dem Quivive ist, hat nie die Möglichkeit, zu entspannen. Eines Tages sind Ihre Vorräte erschöpft.

Streng dich an

Ihr Schlüsselwort dürfte „Beharrlichkeit" lauten. Sie bringen aufgrund Ihres inneren Antreibers viel Durchhaltevermögen und Gründlichkeit mit. Da geht nichts mit links. Sie sind konzentriert bei der Sache. Andere können sich sicher sein, dass Aufgaben, mit denen Sie betraut wurden, mit Elan erledigt werden. Auch fachlich sind Sie immer auf der Höhe. Daher gibt es eigentlich kein Feld, auf dem Sie nicht erfolgreich sind. Wahrscheinlich braucht jeder Ausdauersportler einen großen Anteil dieses Antreibers in sich. Ohne ein gewisses Maß an Hartnäckigkeit wäre kein Marathon zu bewältigen. Viele der extrem erfolgreichen Menschen sind mit ihrem „Streng dich an-Antreiber" verbündet. Sie verbeißen sich geradezu in Ihre Ideen.

Der „Streng dich an-Antreiber" lässt jedoch ein wichtiges Kriterium außer Acht: Den Spaß an der Sache. Den Flow, wie in einem der vorherigen Kapitel dieses Buches beschrieben, mag dieser Antreiber überhaupt nicht. Gelingt etwas ganz leicht, ist es nichts wert. Es zählen nur die Erfolge, die mit gehöriger Mühe erzielt wurden. Nicht trotz, sondern wegen der Anstrengung, heißt die Devise. Der Genuss bleibt außen vor. Doch genau diese Leichtigkeit des Seins hilft, Stress auszuhalten. Ihre Balance ist durch den Antreiber fortwährend in Schieflage. Dadurch gehören Sie vielleicht nicht zu den Menschen, die in aktuellem Stress ertrinken. Sie geben jedoch beständig etwas von Ihrer Energie ab. Mit der Zeit laugen Sie die Anweisungen Ihres inneren Antreibers immer mehr aus. Das führt dazu, dass Sie Ihre Erschöpfung erst sehr spät wahrnehmen. Damit gehören Sie zu den typischen Vertretern bei den Burn-out-Geschädigten.

Zugegeben, die Kategorisierungen wirken ein wenig plakativ. Niemand ist nur so oder so. Mit der Überzeichnung wird allerdings klarer, wo die Kernsätze der einzelnen Antreiber liegen. Und sie zeigt, dass auch ein innerer Antreiber immer gute und weniger gute Aspekte enthält. Darum ist der Antreiber enorm wichtig.

Aktiv
Mithilfe der Checkliste, oder auch weil Sie sich in den Beschreibungen wiedererkannt haben, konnten Sie einen oder mehrere Ihrer typischen Antreiber herausfinden.

Formulieren Sie im Sinne dieses Antreibers bitte einen Satz, den Sie in Ihren Unterlagen niederschreiben (Beispiel: Ich muss immer perfekt sein, weil ich sonst meinen Arbeitsplatz verlieren könnte.)

Aktiv

Bitte überlegen Sie, welche positive Absicht hinter diesen Antreiber(n) für Sie steht. Was möchte Ihr innerer Antreiber an Gutem für Sie bewirken? Was ist seine Intention? Notieren Sie sich auch diese Gedanken.

Bitte lesen Sie erst weiter, wenn Sie die Aufgabe des Aktiv-Kästchens oben erledigt haben. Es ist wichtig, der Reihe nach vorzugehen.

Aktiv

Wechseln nun Sie ein Wort oder einen Teil Ihres Antreiber-Satzes durch ein ähnliches aus und verändern Sie damit die Bedeutung. (Beispiel: Ich muss immer perfekt sein, weil mir sonst gekündigt wird. Oder: Ich darf keinen Fehler machen, weil ich dann arbeitslos werde.) Wie klingt er jetzt?

Verschiedene Menschen reagieren unterschiedlich auf gleichen Stress. Darüber haben wir bereits gesprochen. Der Grund liegt in den meisten Fällen in der Art des inneren Antreibers. Er verbindet die Situation mit seinen (und damit Ihren) Strategien der Bewältigung. Der innere Antreiber bewertet beides. Leider führt das nicht selten dazu, dass sich der Stress noch verschärft. Seine Einschätzung ist besonders bei ähnlichen Gegebenheiten gleich. Eigentlich möchte er Ihr Leben ja vereinfachen. Allerdings ist und bleibt er eben ein Antreiber. Er puscht. Und das nicht unbedingt zu Ihrem Vorteil.

Ohne Nachdenkerchen geht es nicht:

„Wer aufhört,
Fehler zu machen,
lernt nichts mehr dazu."
(Theodor Fontane)

11. Keine Katastrophen bitte

Sie kennen jetzt Ihren inneren Antreiber schon ziemlich gut. Mit welchen Tricks er so viel Stress verursachen kann und wie Sie ihn dort, wo es nötig ist, in seine Schranken weisen können, schauen wir uns nun näher an.

Die Hauptphilosophie des inneren Antreibers liegt in seinem Alles oder Nichts-Denken. Damit macht er Ihnen klar, wie Sie die Welt sehen sollen. Und die ist in seinen Augen ganz simpel:

- Entweder sind Sie stets perfekt, oder Sie landen früher oder später in der Gosse.
- Entweder mag Sie jeder, oder Sie sind völlig wertlos.
- Entweder beeilen Sie sich immer, oder Sie sind einfach gnadenlos faul.
- Entweder sind Sie zu jeder Zeit stark, oder Sie gehen als Feigling und Heulsuse in die Geschichte ein.
- Entweder strengen Sie sich permanent an, oder Sie sind komplett unfähig.

Am Ende dieser Schwarz-Weiß-Strategie stehen für Sie die Warnzeichen vor seelischen, wirtschaftlichen oder sozialen Katastrophen. Ob Sie dabei Stress empfinden, ist für den inneren Antreiber unerheblich. Er verlangt die ganze Portion. Mit Häppchen gibt er sich nicht zufrieden. Nur das Ergebnis zählt.

Erinnern Sie sich bitte: Der Antreiber macht das, was er schon immer getan hat: Er versucht Ihnen mit aller Macht seine – und damit Ihre – gelernte Sicht auf die Welt aufzuzwingen. Seine Absicht ist ehrlich. Er möchte Ihnen auf Ihrem Weg helfen. Seine Mittel dazu sind jedoch in der Regel ziemlich drastisch und oft unfair. Er nutzt dazu gerne sehr intensive Bilder, die er vor Ihrem inneren Auge entstehen lässt. Genau dadurch sabotiert er Sie letztendlich.

Nehmen Sie ihm also seinen Einfluss. Das gelingt am besten, wenn Sie ihm die Schreckensszenarien nicht mehr so einfach glauben. Zur Verdeutlichung steht darum das Nachdenkerchen diesmal in der Mitte des Kapitels.

„Nicht die Dinge selbst beunruhigen
die Menschen,
sondern ihre Vorstellung davon."
(Epiklet)

Im Falle des inneren Antreibers bedeutet dies, dass nicht Ihre mangelnde Perfektion, Ihre fehlende Schnelligkeit oder Stärke zwangsläufig in eine Katastrophe führen, sondern dass Ihre eigene Bewertung Ihnen die schlimmen Folgen vorgaukelt. Der innere Antreiber schwingt die Peitsche.

Das führt bei Ihnen zu unangenehmen Emotionen. Diese Gefühle können von Unbehagen bis zur blanken Panik reichen. Fakt ist: Da keiner gerne schlechte Gefühle hat, möchte er sie so schnell wie möglich loswerden. Genau an dieser Stelle entsteht Stress.

Der Psychologe Paul Watzlawick hat dies in seinem Buch „Anleitung zum Unglücklichsein"i so genial deutlich gemacht, dass ich seine Geschichte vom Mann und dem Hammer gerne zitieren möchte:

...„Ein Mann will ein Bild aufhängen. Den Nagel hat er, nicht aber den Hammer. Der Nachbar hat einen. Also beschließt unser Mann, hinüberzugehen und ihn auszuborgen. Doch da kommt ihm ein Zweifel: Was, wenn der Nachbar mir den Hammer nicht leihen will? Gestern schon grüßte er ihn nur so flüchtig. Vielleicht war er in Eile. Aber vielleicht war die Eile nur vorgeschützt, und er hat etwas gegen ihn. Und was? Er hat ihm nichts angetan; der bildet sich da etwas ein. Wenn jemand von ihm ein Werkzeug borgen wollte, er gäbe es ihm sofort. Und warum sein Nachbar nicht? Wie kann man einem Mitmenschen einen so einfachen Gefallen ausschlagen? Leute wie der Kerl vergiften einem das Leben. Und dann bildet der Nachbar sich noch ein, er sei auf ihn angewiesen. Bloß weil er einen Hammer hat. Jetzt reicht's ihm aber wirklich. Und so stürmt er hinüber, läutet, der Nachbar öffnet, doch noch bevor er „Guten Morgen" sagen kann, schreit *ihn unser Mann an: „Behalten Sie Ihren Hammer, Sie Rüpel!" (P. Watzlawick: Anleitung zum Unglücklich sein, 1983 Piper Verlag München)*

Der Autor beschreibt hier ebenso pfiffig wie treffend, was jeden Tag unzählige Male in unseren Gedanken vorgeht. Wir bewerten, wir fantasieren, wir ziehen Rückschlüsse. Schließlich handeln wir ganz alleine deshalb auf eine bestimmte Art, weil wir glauben, dass Dinge so und nicht anders sind.

Der innere Antreiber sagt uns klipp und klar, wie die Dinge liegen. Er sagt uns allerdings nicht die Wahrheit. Denn die gibt es nicht auf diese absolute Weise. Er übertreibt. Ohne die Katastrophen in der Vorstellung des Mannes könnte dieser wahrscheinlich problemlos sein Bild aufhängen und sich täglich darüber freuen. Nichts, außer der eigenen Vorstellung, lässt darauf schließen, dass es irgendwelche Schwierigkeiten beim Ausleihen des Hammers geben könnte. Seine Gedanken haben ihn selbst blockiert. Am Ende hat er kein Bild an der Wand, möglicherweise zukünftig schlechte Gefühle gegenüber seinem Nachbarn und dies alles nur, weil ihm seine Überlegungen falsche Realitäten vorgegaukelt haben.

Vielleicht hätte der Nachbar im Beispiel von Watzlawick den Hammer freundlich rausgerückt. Vielleicht wäre er sogar froh darüber gewesen, mit dem Mann ins Gespräch zu kommen. Vielleicht wäre er aber auch ein Stinkstiefel, der genauso reagiert hätte, wie es unser Mann dachte. Wir wissen es nicht. Das Schlimme ist, dass der Mann es auch nicht herausfinden wird. Die Chance ist vertan, weil er durch seine Bewertung keine positive Erfahrung zugelassen hat. Beim nächsten Treffen wird er sicherlich noch voreingenommener auf den Nachbarn zugehen.

Beim Stress funktioniert es gleich. Hat Sie der innere Antreiber erst einmal in eine Richtung geschubst, laufen Sie diesen Weg von Mal zu Mal schneller. Je häufiger Sie in die gleiche Situation geraten, desto besser funktionieren Ihre gelernten Muster. Sie lernen. Mit allen psychischen und physischen Folgen: Sie fühlen sich ängstlich, unruhig, hilflos und zeigen dazu noch somatische Reaktionen, wie Schwitzen, Herzklopfen, Magenschmerzen oder Bauchgrummeln. Eigentlich ist nicht die Situation selbst die Ursache für den Stress, sondern das, was daraus erwachsen könnte. Irgendwann erreichen Sie den Moment, an dem ein kleiner Hinweis auf den Stress genügt und das gesamte Programm läuft von alleine ab. Die Vorstellungen entstehen wie bei einem gut gewarteten Automaten.

Die negativen Konsequenzen, mit denen der innere Antreiber droht, sind jedoch in der Regel irrational. Sie haben nur selten etwas mit der

Wirklichkeit zu tun und führen so gut wie nie zum gewünschten Ziel. Statt eines positiven Ergebnisses spüren wir Druck mit all seinen negativen Auswirkungen. Fehler häufen sich. Wir reagieren unangemessen oder fühlen uns verzweifelt und hilflos. Sicher kennen Sie das auch: Ein einziger Gedanke wirft die komplette Kaskade von Horrorszenarien an. Was auch immer der Auslöser sein mag, wir beginnen, irgendeine Art von Stress oder sogar Panik zu spüren. Diesen Vorgang gilt es rechtzeitig zu unterbrechen.

Der innere Antreiber ist durchaus gewitzt. Nicht immer haut er Ihnen die schlimme Zukunft um die Ohren. Sind Sie eher ein Mensch, dem Wünsche und Bedürfnisse auf der Seele liegen, hören sich die Anfeuerungsrufe des inneren Antreibers mehr verlockend, als strafend an. Er weiß, wie er Sie kriegen kann, auf was Sie am besten reagieren.

Der innere Antreiber sagt:
- Benimm dich, wie ich es dir vorschreibe, dann bist du sicher.
- Höre auf mich, nur dann erntest du Anerkennung.
- Gib alles, dann gehörst du dazu.

Viele von uns kennen die Worte des inneren Antreibers aus der Kinderzeit. Besonders sensible Menschen können diese innere Stimme sogar identifizieren. Sie hört sich an wie Mutter, Vater, ein Lehrer oder eine andere Autorität.

Fast jeder ist mit diesen einschlägigen Dogmen groß geworden. Selbst wenn Eltern vorbildlich mit ihren Kindern umgegangen sind, gibt es noch genug „Pädagogen" auf dem Weg zum Erwachsenwerden, die uns klar machen, wohin uns Faulheit, Widerborstigkeit oder mangelnde Stärke eines Tages bringen werden. Solche Szenarien bedienen die menschlichen Urängste. Diese laufen stets darauf hinaus, nicht geliebt zu werden und dadurch existenziell in Gefahr zu geraten. Da geraten wir in frühkindliche Sphären, in denen wir auf Wohl und Wehe unseren Bezugspersonen ausgeliefert waren.

Die Glaubensmuster verankern sich dauerhaft im persönlichen Weltbild. Durch die jahrelange Praxis werden die automatischen Gedanken stärker. Das Ergebnis spüren wir immer wieder. Das ist Stress.

Richtig schlimm wird es, wenn wir diese Belastungen mit den falschen Mitteln bekämpfen. Wenn wir also nicht die Ursachen für den Stress hinterfragen, sondern versuchen, ihn zu vermeiden, zu betäuben oder ihn mit anderen Gefühlen zudecken. Das führt in die Sackgasse.

Die meisten dieser Pseudo-Stress-Killer helfen recht schnell. Allerdings lässt ihre Wirkung ebenso rasch wieder nach. Das wirklich schädliche an diesen Abwehrstrategien sind ihre selbstzerstörerischen Fähigkeiten. Sie schwächen den kompletten Organismus und zwar Körper und Geist. Damit begibt man sich in eine Abwärtsspirale. Ein angegriffener Mensch unterliegt dem möglichen Stress logischerweise schneller und heftiger, als eine stabile Person. Man braucht nur wenig Phantasie, um sich die Folgen zu veranschaulichen.

Zur Verdeutlichung noch mal ein kleines Beispiel:

Der Angestellte Schmitz hat Stress in der Firma. Seine Aufgaben nehmen ständig zu. Dazu ist das Betriebsklima nicht das Beste, weil unter den Mitarbeitern Konkurrenzdruck herrscht. Der innere Antreiber von Schmitz sagt ihm „Sei perfekt". Für Schmitz ist das fatal, weil er beim Bewältigen seiner Arbeit ganz genau sein möchte. Er braucht Zeit, um die Erledigung der Aufgaben immer wieder zu kontrollieren. Gleichzeitig hat er aber so viel zu tun, dass er kaum nachkommt. Gerät er in Verzug, was durch den Glaubenssatz seines inneren Antreibers immer wieder geschieht, erhöht sich seine Anspannung. Dadurch entstehen Fehler. Sobald er diese entdeckt, bestärkt ihn das in seiner Ansicht, noch eingehender nachprüfen zu müssen. Die Stress-Spirale dreht sich in rasantem Tempo.

In seinen Gedanken sieht Herr Schmitz, wie er zum Chef zitiert wird. Dort spricht man mit ihm über seine „mangelnde" Effizienz und Leistung. Schmitz macht sich zusätzlich zum Stress nun auch Sorgen um seine berufliche Situation. Da in letzter Zeit Stellen abgebaut wurden, glaubt er sich in Gefahr, aussortiert zu werden. Was das für seine Familie bedeutet, ist ihm völlig klar.

Schmitz schläft schlecht, geht jeden Morgen mit Magenproblemen zur Arbeit und hat hohen Blutdruck. Außerdem ist er zuhause reizbar, was seinen Zustand nicht verbessert.

Damit Herr Schmitz besser schlafen kann, genehmigt er sich seit einiger Zeit abends ein Gläschen Alkohol. Manchmal auch zwei. Gegen seine Magenprobleme hilft tagsüber das eine oder andere Schnäpschen. Vielleicht hat er sich vom Arzt Beruhigungsmittel verschreiben lassen. Er muss schließlich irgendwie mit dem Stress klarkommen. Dass am Horizont die Sucht winkt, sieht er nicht.

Möglicherweise läuft es aber gänzlich anders. Herr Schmitz verleugnet seinen Druck. Nur die wirklich Belastbaren machen Karriere, sagt er sich. Perfekt und stark – so sieht der Erfolgreiche aus. Er arbeitet einfach ein bisschen mehr und länger. Auf Dauer überschreitet er die eigenen Kräfte. Erschöpfung und letztlich Burnout nehmen ihren Anfang.

Beide Lösungsmöglichkeiten sind unangemessen. Sie helfen nur scheinbar. Tatsächlich aber verursachen sie neuen Stress. Was ist also zu tun, um sich wirksam selbst zu helfen?

12. Machen Sie Ihren inneren Antreiber zu Ihrem Komplizen

Ganz schön lästig, dieser innere Antreiber. Er verstärkt Stress und erzeugt sogar neuen. Wahrscheinlich sollten Sie ihn so schnell wie möglich loswerden.

Stopp!
Erinnern Sie sich daran, dass der innere Antreiber auch einen Teil Ihrer positiven Eigenschaften ausmacht? Er hilft Ihnen, sich schneller in neuen Situationen zurecht zu finden, und seine Einstellungen können sich durchaus bewährt haben. Schließlich blickt er auf eine lange Erfahrung mit Ihnen zurück.

Aktiv
Stellen Sie sich vor, Sie wären der beste Freund Ihres inneren Antreibers. Zu seinem Geburtstag sollen Sie eine kleine Rede halten. Welche seiner positiven Merkmale schätzen Sie besonders? An welcher Stelle hilft er Ihnen? Welche seiner Attribute möchten Sie am wenigsten missen? Notieren Sie sich diese Punkte.

Sicher konnten Sie herausfinden, dass das, was Ihnen Ihr innerer Antreiber mit auf die Reise gibt, ist nicht per se schlecht ist. Viele Ihrer Stärken gründen sich auf diesen inneren Antreiber. Ihre Pünktlichkeit, Ihre Konsequenz, vielleicht Ihre Liebenswürdigkeit oder Ihre Zuverlässigkeit, Ihr Durchhaltevermögen und Ihre Fähigkeit, Projekte nach vorne zu bringen. Ohne Ihren inneren Antreiber, würden Ihnen wichtige Charaktereigenschaften fehlen.

Ihr Job ist es jetzt, seine wenig hilfreichen Glaubenssätze zu erkennen. Dort, wo er sich mit seinen diktatorischen Anschauungen vordrängt, muss Schluss sein. Er darf Beruf und Privatleben nicht nachteilig beeinflussen. Darum ist es viel besser, ihm den Platz zuzuweisen, der ihm ansteht. Er soll Sie unterstützen – auf gute Weise unterstützen. Angst machen gehört zukünftig nicht mehr zu seinen Aufgaben.

Damit Sie ein Gespür dafür entwickeln, welche Glaubenssätze in welchem Maß absolut sinnvoll sind und welche vor allem Stress auslösen, geht es gleich aktiv weiter:

Aktiv
Stellen Sie sich vor, Sie hätten die Möglichkeit, Ihre schlimmste, persönliche Stress-Situation einfach abzuschalten. Welche würde Ihnen dabei einfallen?

Und …

Aktiv
Lassen Sie jetzt Ihren inneren Antreiber zu Wort kommen. Nehmen Sie sich den eben ge-

fundenen Stress vor und achten Sie darauf, welche Dogmen der Antreiber von sich gibt.

Führen Sie diese weiter, indem Sie seine Sätze mit den logischen Konsequenzen in seinem Sinne klar formulieren. Was ergibt sich laut seinen Worten ganz zwangsläufig? Der Realitätsgehalt ist völlig nebensächlich. Einzig die Logik zählt. (Beispiel: Jedem, der einen Fehler macht, wird sofort gekündigt. Oder: Alle Arbeitnehmer sind perfekt, weil sie sonst ihren Job verloren hätten.) Bitte schreiben Sie diese auf.

Im diesem ersten Schritt machen Sie sich die Auslöser Ihrer automatischen Denkprozessen bewusst. Werden Sie zum Detektiv beim Aufspüren Ihrer Automatismen. Darin kann man richtig Übung bekommen. Sie werden feststellen, dass Ihnen immer mehr davon auffallen. Darüber hinaus werden Sie für stressverstärkende Denkweisen sensibilisiert. Die sogenannten Trigger arbeiten wie Schalter. Sobald sie aktiviert sind, lösen sie die automatischen Gedanken des inneren Antreibers aus. Sie fungieren gewissermaßen als früheste Reaktion bei aktuellem Stress.

Die Glaubenssätze des inneren Antreibers können von außen in Gang gesetzt werden. Ereignisse, Personen oder auch Gesprächsinhalte führen dann dazu, dass der innere Antreiber tätig wird.

Besonders flott funktioniert das, wenn die externen Geschehnisse bereits bekannt und bewertet sind.

Denken Sie nur an das Beispiel mit dem Hammer. Bei der nächsten Begegnung mit dem Nachbarn wird unser Mann sicher schon wieder auf 180 sein, ohne dass der Nachbar irgendetwas getan hat. Allein die erste Bewertung reicht aus, um die Lawine der Stress-Symptome loszutreten.

Trigger können auch intern bedient werden. Bestimmte Gedanken, Erinnerungen, Bilder oder körperliche Empfindungen lassen Stress entstehen. Vielleicht kennen Sie das auch aus Ihrem beruflichen Alltag. Da steht man vor dem Chef und hat urplötzlich das gleiche Gefühl wie damals in der Schule, als der Lehrer ein ernstes Wörtchen sprach. Ganz drastisch geschieht so etwas mit Menschen, die unter einer Posttraumatischen Belastungsstörung leiden. Die extremen, existenziellen Stress-Situationen kommen immer wieder in Form von sogenannten Flashbacks. Diese Erinnerungsattacken sind so lebendig, dass Betroffene die schrecklichen Ereignisse beinahe real wieder erleben. In diesen Fällen war der Stress so hochgradig einschneidend, dass sich die Bewertung grundlegend verändert hat. Natürlich gehört die Posttraumatische Belastungsstörung in fachlich kompetente Hände. Ich nenne sie hier nur um zu zeigen, wie einschneidend Stress die Lebenssicht verändern kann. Er entsteht immer dann zuverlässig, wenn bereits vorher eine negative Einschätzung stattgefunden hat.

Genau an dieser Stelle sollten Sie ansetzen. Überprüfen Sie Ihre Bewertungen, bevor der Stress entsteht. Dazu lade ich Sie zu einem Gedankenspiel ein:

Aktiv

Versetzen Sie sich noch einmal in die Stress-Situation von eben. Stellen Sie sich vor, Sie würden einen Film drehen. Schlüpfen Sie diesmal in die Rolle eines Kameramannes, der alles genau aufnimmt. Sie sind hinter der Kamera und beobachten die Szenerie als unbeteiligter Zuschauer. Sie zeichnen auf, wer gerade was tut und mit wem spricht. Nichts von dem, was gerade geschieht, hat mit Ihnen persönlich zu tun. Der Ablauf entspricht einem Drehbuch, das von einer fremden Person geschrieben wurde.

An welcher Stelle greift der innere Antreiber ein? Damit Sie den Moment genau erwischen, sollten Sie die Zeitlupe einschalten. Wer sagt was, bevor es einen inneren Kommentar gibt? Passiert etwas Bestimmtes, das ihn auslöst?

Das Gute an einer Kamera-Aufzeichnung ist, dass Sie jederzeit vor und zurückspulen können, um den Augenblick zu erfassen.

An diesem Punkt wird Ihr privater Automatismus in Gang gesetzt. Der innere Antreiber erkennt, dass es ein Problem gibt und fühlt sich aufgefordert zu helfen. Seine eingefahrenen Wege sind jedoch kontraproduktiv. Er kann sich nicht auf Neues einstellen. Stattdessen besteht er rigoros auf seine ewig gleichen Gedankenmuster. Dass jede Situation ihre eigene, neue Bewertung braucht, erkennt er nicht. Allein dadurch stimmen seine Aussagen nicht. Für Ihre Stressbelastung bedeutet dies: Einmal in dieser Situation Stress – immer in dieser Situation Stress!

Machen Sie den Realitätscheck:

Aktiv
Prüfen Sie jetzt diese Sätze auf ihren Wahrheitsgehalt. Wird tatsächlich jedem gekündigt, der einen Fehler macht? Sind alle anderen tatsächlich perfekt?

Denken Sie bitte in Ruhe darüber nach, ob es Ausnahmen geben könnte, in denen der Leitsatz Ihres inneren Antreibers nicht gilt. Welche allgemeinen und/oder konkreten Situationen wären das?

Der innere Antreiber arbeitet mit schlechten Gefühlen. Diese gilt es durch positive, realitätsge-
prüfte Emotionen zu ersetzen. Es ist klar, dass die
meisten der befürchteten Konsequenzen mit küh-
lem Verstand betrachtet, nicht eintreten werden.
Diese Erkenntnisse sind bereits im Kopf. Doch
wirksam und verinnerlicht werden sie erst, wenn
man sie auch fühlt. Der Sprung vom Kopf ins
Herz ist zugegebenermaßen schwierig. Die
Übung macht's. Darum bleiben Sie am Ball. Es
wird jeden Tag ein wenig besser funktionieren.

Aktiv
Formulieren Sie nun die Glaubenssätze Ihres
inneren Antreibers aktiv um. Achten Sie da-
rauf, dass Sie sich selbst nicht überfordern.
Jemand, der sein Leben lang versucht hat, per-
fekt zu sein, kann nicht plötzlich Fünfe gerade
sein lassen. Orientieren Sie sich an den Sät-
zen, die Sie vorher aufgeschrieben haben.
(Beispiel: Ich muss immer perfekt sein, weil
ich sonst meinen Arbeitsplatz verlieren könnte
– wird zu – Fehler sind menschlich. Man lernt
aus ihnen. Meinen Job behalte ich trotzdem.)

Achten Sie bitte dabei auf folgende Aspekte.
Der Satz Ihres inneren Antreibers sollte...
- *sein Thema beinhalten,*
- *kurz, klar und positiv sein,*
- *in der Gegenwart formuliert sein,*

- *sein positives Wirken für Sie nicht beeinträchtigen.*

Nachdem Sie nun die Worte Ihres inneren Antreibers geändert und vielleicht sogar relativiert
haben, können Sie diese Sätze so umschreiben,
dass sie Ihnen keinen Stress mehr verursachen.
Damit Sie überzeugt sind und damit Sie sich vor
allem auch selbst glauben, sollten Sie kurz überprüfen, was für und was gegen die neuen Gedanken spricht, die Ihren Stress mindern werden.

Es kann beunruhigen, wenn man feststellt, dass
die Lebensregeln des inneren Antreibers ins
Wanken geraten. Schließlich ist er aus Ihren Erfahrungen und individuellen Theorien entstanden.
Er ist ein Teil von Ihnen. Auf ihm und auch auf
anderen Glaubenssätzen fußt das, was Sie denken
und wahrnehmen und auch das, was Sie daraus
machen. Was Sie hier ändern möchten, ist seine
ausschließliche Sichtweise. Denn die verursacht
Ihnen unnötigen Stress.

Wiederholen Sie anfangs die neuen Leitsätze
Ihres inneren Antreibers so oft es irgend geht.
Verknüpfen Sie diese mit einer Tätigkeit. Denken
Sie zum Beispiel diesen Satz immer dann, wenn
Sie die Türklinke zu Ihrem Arbeitsplatz anfassen.
Oder wenn Sie eine Kaffeetasse in die Hand
nehmen. Oder ... oder ... oder – stimmen Sie das
bitte auf Ihre persönliche Umgebung ab.

13. Zeigen Sie Ihrem inneren Antreiber, dass er loslassen darf

Vielleicht spüren Sie auch den Impuls, noch schnell etwas nebenher etwas erledigen zu wollen. Während man telefoniert, klickt man bereits auf dem Computer herum oder bedient die Kaffeemaschine. Das, was man neudeutsch „Multitasking" nennt, ist das genaue Gegenteil von Achtsamkeit. Man ist mit seinem Tun und den Gedanken bei unterschiedlichen Aktionen. Statt sich auf eine Sache zu fokussieren, verschüttet man den Kaffee und hört beim Telefonieren nicht richtig hin. Achtet man jedoch mit seinen Sinnen auf seine Umgebung, werden solcherlei Ungeschicklichkeiten kaum passieren.

In den letzten Jahren wird das Wort „Achtsamkeit" beinahe inflationär gebraucht. Es handelt sich dabei gleichwohl nicht um einen Modebegriff. Achtsamkeit als Lebenskunst ist sehr alt. Ihre Wurzeln liegen im Buddhismus und gehören zu seinen elementaren Grundsätzen. Darum ist er so eng mit ihr verbunden.

Für praktizierende Buddhisten spielen die vier Grundlagen der Achtsamkeit eine zentrale Rolle im Bestreben, sich körperlich und geistig zu vervollkommnen. Wert gelegt wird auf die
- Achtsamkeit auf den ganzen Körper
- Achtsamkeit auf Gefühle und Empfindungen
- Achtsamkeit auf den Geist
- Achtsamkeit auf die Geistesobjekte

Die Achtsamkeit wird in speziellen Meditationen geübt. Am Ende des buddhistischen, spirituellen Weges steht ein verbessertes, vorurteilsfreies Verständnis für die Wirklichkeit.

Bitte bekommen Sie keinen Schreck. Um Ihr Stressniveau zu senken, müssen Sie sich keineswegs in den Buddhismus versenken. Achtsamkeit wirkt auch jenseits einer bestimmten weltanschaulichen Grundhaltung. Für unsere Zwecke genügt es, die Achtsamkeit als solche zu üben. Der buddhistische Überbau ist zur Stressreduzierung nicht nötig.

Sind Sie achtsam?

Wir verbringen viel Zeit voll innerer Spannung, von der wir kaum etwas merken. Da sind wir noch in der Vergangenheit, während sich unser Kopf bereits mit der Zukunft befasst. Was gestern war, beschäftigt uns, und zugleich machen wir uns Gedanken um morgen.

Sicher kennen Sie das auch aus Ihrem Alltag. Sie lesen in einem Buch wieder und wieder den gleichen Absatz. Am Ende stellen Sie jedes Mal fest, dass Sie nichts vom Sinn des Textes aufgenommen haben. Ihre Gedanken waren sonstwo, jedoch nicht beim Gelesenen.

Oder Sie hören zwar, dass jemand mit Ihnen spricht. Ihr Kopf ist jedoch nicht bei der Sache. Im Grunde bekommen Sie nichts mit. Sie befinden sich neben dem, was Sie gerade tun, in Vergangenheit und Zukunft. Die Gegenwart bekommt auf diese Weise nur einen kleinen Teil Ihrer Aufmerksamkeit.

Was hat das alles mit Stress und dem inneren Antreiber zu tun? Eine ganze Menge. Sie haben im Kapitel 10 bereits gelesen, dass der innere Antreiber mit Bewertungen aus der Vergangenheit arbeitet. Statt seine Vorstellungen zu überprüfen, setzt er einen Automatismus in Gang, der Sie regelmäßig in Stress versetzt. Wie mit einer

Zeitmaschine reist er in verpatzte Situationen der Vergangenheit und macht sich Sorgen um die Zukunft. Anstatt seinen Fokus auf das Jetzt zu setzen und seine Denkweisen zu überprüfen.

Hier liegt die Crux. Unser innerer Antreiber zeigt uns, was uns blüht, wenn wir nicht so funktionieren, wie er es will. Für ihn ist die Welt sonnenklar. Eine bestimmte Ursache hat stets die gleiche Wirkung. Ist man beispielsweise unter Zeitdruck, spielt uns das Kopfkino vor, was alles passiert, wenn wir nicht rechtzeitig fertig werden. Vielleicht fällt uns dann auch gleich eine ähnliche Situation ein, bei der wir auch ins Schleudern kamen. Und wächst uns der Stress über den Kopf.

Was bedeutet das für Sie konkret? Lassen Sie sich auf dieses Denkmuster ein, dann bestätigen Sie den inneren Antreiber. Solange Sie gleichzeitig von Vergangenheit und Zukunft gefangen werden, sitzen Sie nicht nur in der Stressfalle, Ihnen fehlt zudem die Gegenwart. Diese ist jedoch die einzige Zeit in unser aller Leben, in der jeder selbstbestimmt fühlt und handelt. Darum sollten Sie diese Momente wichtiger nehmen, als alle anderen. Sich den Augenblick bewusst machen, ihn wahrzunehmen, ohne ihn zu bewerten nennt man Achtsamkeit. Gelänge es, im Hier und Jetzt zu bleiben, könnten Sie sich ganz auf die Aufgabe konzentrieren. Es würden Ihnen weniger Fehler unterlaufen. Der Stress wäre geringer. Nur wer es schafft, sich nicht von den Gedanken an Vergangenheit und Zukunft beeinflussen zu lassen, kann die Gegenwart eigenständig leben und genießen.

Aktiv
Überprüfen Sie anhand der folgenden Aussagen, ob es bei Ihnen Bereiche gibt, in denen Sie wenig achtsam sind. Vielleicht ist Ihnen der ein oder andere Satz schon einmal bei sich selbst aufgefallen:

Es fällt mir schwer, mit meinen Gedanken bei dem zu bleiben, was momentan geschieht.

Ich erledige viele Sachen automatisch, ohne mich wirklich darauf zu konzentrieren.

Ich vergesse Namen, obwohl ich sie gerade gehört habe.

Manchmal esse ich etwas zwischendurch, ohne richtig hinzuschmecken.

Wenn ich irgendwohin gehe oder fahre, bekomme ich kaum etwas vom Weg mit, weil ich so in Gedanken bin.

Ich stoße häufig Dinge um, beschädige sie oder verletze mich an Ecken und Kanten.

Bisweilen fällt mir erst hinterher auf, welche Gefühle mich vorher bewegt haben.

In solchen Momenten sind Sie unachtsam. Statt den Augenblick ohne weitere Bewertung wahrzunehmen, beschäftigen Sie sich mit allerlei anderen Dingen. Für Ihren inneren Antreiber ist dies eine wunderbare Spielwiese. Gerade durch Unachtsamkeit kann er stets aufs Neue, seine alten Verhaltensmuster anbieten. Er nimmt Ihnen die Freiheit zu entscheiden, ob es sinnvoll ist, sich so oder so zu verhalten.

So muss es nicht bleiben. Achtsamkeit ist Übungssache. Das Ziel ist eine neugierige, interessierte Haltung zu finden, in der Geschehnisse erst einmal wahrgenommen und akzeptiert werden. Damit haben Sie die Chance, die verzerrten Wahrnehmungen Ihres inneren Antreibers zu erkennen und dann selbstbestimmt zu handeln.

Prof. Dr. Harald Walach, ein deutscher Psychologe und Philosoph brachte die Definition von Achtsamkeit auf den Punkt:

"Achtsamkeit meint das aufmerksame, vorurteilsfreie Wahrnehmen aller mentalen Inhalte, wie etwa Gedanken, Gefühle, Affekte und Körperempfindungen. Wahrnehmen allein macht aber noch nicht die Achtsamkeit aus. Vielmehr gehört ein freundlich-wohlwollendes Annehmen und die

Fähigkeit, ohne Urteile und Kategorisierung bei unseren mentalen Inhalten zu sein, in ihrem Fluss und in ihrem Stocken, mit zu diesem Konzept dazu."ii

Achtsamkeit hilft Ihnen mit sich selbst in Kontakt zu kommen. Sie werden sensibler für das Geschehen um sich herum und haben die Möglichkeit, auch andere als Ihre bisherigen Sichtweisen zu entdecken. Dies hat einen direkten Einfluss auf Ihre Emotionen. Ihrem Stressempfinden, das häufig wie ein Teufelskreis aus Antreiber-Gedanken funktioniert, können Sie auf diese Weise entkommen.

Hört sich schwierig an. Ist es aber nicht. Diese Form von Stressmanagement lässt sich ohne große Umstände erlernen. Alles was Sie brauchen ist Ihr Wille, etwas zu verbessern. Am einfachsten erfährt man Achtsamkeit, indem man sich zu Beginn auf Sinneseindrücke beschränkt. Unser Hören, Riechen, Schmecken und Sehen geschieht immer im jeweiligen Augenblick. Alle Erinnerungen, alle Vorfreude daran sind nicht mit dem tatsächlichen, augenblicklichen Eindruck zu vergleichen.

Durch die Übungen für Ihre einzelnen Sinne beschränken Sie sich auf den gegenwärtigen Zeitpunkt. Sie trainieren Ihre Konzentration auf den aktuellen Moment. Probieren Sie es aus:

Aktiv

Suchen Sie sich für diese Übung eine einfache Tätigkeit, die Sie täglich wiederholen. Gut geeignet ist zum Beispiel der Weg zur Arbeit, das Staubsaugen oder Duschen – Dinge, die Sie normalerweise ohne Stress routinemäßig erledigen. Bleiben Sie auch in den nächsten Tagen bei dieser Aktivität als Trainingsgrundlage.

Nehmen wir hier als Beispiel Ihren täglichen Weg zur Arbeit. Beginnen Sie in dem Moment, in dem Sie das Haus verlassen, bewusst zu sehen, was um Sie herum ist.

Ist es hell? Scheint die Sonne? Sind Menschen auf der Straße? Wie sehen diese Menschen aus? Gibt es Bäume, Beete, Bänke?

Versuchen Sie alles, was Ihren Augen geboten wird, wahrzunehmen: „Aha, hier ist die Straße gepflastert. Ein rotes Auto biegt um die Ecke. Es hat einen grünen Aufkleber an der Scheibe." Falls Sie eine andere Betätigung gewählt haben, verfahren Sie genauso. Alles, was Sie bisher automatisch erledigt haben, eignet sich gleichermaßen. Nehmen Sie Ihre Beobachtung wahr, und lassen Sie sie dann wieder ziehen.

Sinn dieser Übung ist zum einen, die Umgebung zu erkennen und zum anderen, diese Beobachtungen wertneutral festzustellen. Das heißt,

Sie sehen das rote Auto im Beispiel. Sie werten es jedoch nicht als schön, hässlich, alt oder teuer. Sie sammeln rein objektive Informationen. In diesem Fall ist es die rote Farbe. Für die nächste Übung nehmen Sie sich noch einmal die gewohnheitsmäßige Tätigkeit vor, bei der Sie „gesehen" haben. Am besten starten Sie die neue Aufgabe am Tag danach.

Aktiv

Beschäftigen Sie sich mit Ihrer ausgewählten Übungssituation. Wie riecht es während Ihrer Aktivität? Spüren Sie auch heute genau nach. Benennen Sie das, was Sie riechen. Bei Gerüchen ist es schwieriger, nicht zu werten. Daher ist die heutige Übung um einiges anspruchsvoller. Verändern sich die Düfte?

Ein Duft, ein Hauch, der in der Luft liegt, bringt unsere Gedanken ganz schnell an einen anderen Ort und eine andere Zeit. Plätzchenduft – und wir sind wieder Kinder in der elterlichen Küche. Ein Parfüm, das uns an unsere erste Liebe erinnert. Aber auch Gerüche, die wir mit unerfreulichen Situationen verbinden, lassen unsere dazugehörenden negativen Emotionen wieder aufleben. Oft genügt schon eine Ähnlichkeit, und das Urteil ist gefällt. Benutzt jemand ein Aftershave, das dem des missgünstigen Kollegen ähnelt, so hat der unschuldige Mitmensch oftmals keine Chance. Völlig unbewusst wird er in die Schublade „unangenehmer Zeitgenosse" gesteckt.

Unser Geruchsinn ist eng mit den Arealen des Gehirns gekoppelt, die bei der Vermittlung von Gefühlen beteiligt sind: dem limbischen System. Noch bevor Düfte die Großhirnrinde erreichen, wo die bewusste Wahrnehmung entsteht, haben Emotionen den Vortritt. Das macht es für uns so schwierig, das, was wir riechen, nicht sofort mit unserer Erfahrung zu vergleichen und einzuordnen.

Aktiv
Wenn Sie Lust haben, versuchen Sie Folgendes:
Riechen Sie an einem Gegenstand, den Sie nicht primär über den Geruch definieren würden, wie z. B. einen Stein. Können Steine duften? Vielleicht unterschiedliche Steine auch unterschiedlich?
Oder Wasser? Wie riecht ein Glas Leitungswasser?

Sinnesachtsamkeit ist eine sehr handfeste Art von Achtsamkeit. Da Sie dabei aktiv sind und Ihre Aufmerksamkeit nach außen richten, macht dies die achtsamen Augenblicke sozusagen erlebbar. Wunderbar als erste Erfahrungen. Für den Einstieg sind sie geradezu ideal.

Aktiv

Gehen Sie den nächsten Schritt:

Achten Sie bei Ihrer nächsten Mahlzeit ausschließlich auf Ihr Essen. Gleichzeitiges Fernsehen, Lesen oder auch nur Plaudern findet nicht statt. Sehen Sie sich Ihren Teller mit den Nahrungsmitteln an. Nehmen Sie wahr, welche Farben vor Ihnen liegen, wie die Speisen riechen und welche Konsistenz sie haben. Registrieren Sie den Geschmack in allen Feinheiten. Essen Sie! Essen Sie ausschließlich, und machen Sie nichts anderes. Sind die Lebensmittel warm? Spüren Sie, wie Sie schlucken, wie sich die Nahrung im Körper anfühlt. Nehmen Sie wahr, wie sich Ihr Magen langsam füllt und das Hungergefühl nachlässt. Für Sie gibt es nun nichts anderes auf der Welt, als diese Zeit, in der Sie gerade essen.

Eine weitere Stufe von Achtsamkeit bringt Sie dahin, nicht zu bewerten. Zugegeben, das ist ein ganzes Stück kniffliger. Sie erinnern sich: Wir haben gelernt, jeden Moment einzusortieren und auf seine Vergangenheit und seine Zukunft hin zu überprüfen. Unser Gehirn ist ständig damit beschäftigt, alles zu vergleichen. Das hat in vielen täglichen Situationen seinen Sinn. In der Großzahl unseres Lebens jedoch nicht. Da führt uns der angebliche Zusammenhang in die Irre.

Stellen Sie sich unseren Urmenschen aus dem 2. Kapitel vor. In der Begegnung mit dem Säbelzahntiger ist seine Bewertung lebenswichtig. Würde er jedoch seine Erfahrung Tiger – Zähne – stärker – aufgefressen werden auf jedes Rascheln im Gebüsch übertragen, wäre sein Leben reichlich anstrengend. Sucht er selbst bei einer Maus im Galopp das Weite, ist abzusehen, dass unser Vorfahr recht schnell schlapp macht.

Unser innerer Antreiber funktioniert jedoch auf diese Weise: Rascheln? Nichts wie weg! Oder in seinen Worten: Fehler gemacht? Große Katastrophe!

Wie erkennt man nun den Unterschied zwischen sinnvollen und unsinnigen Korrelationen? Da hilft die Achtsamkeit. Sie erlaubt Ihnen eine größere Sensibilität für bestimmte Situationen. Das ermöglicht es Ihnen, alternative Wege zu erkennen und zu beschreiten. Ihnen fallen automatische Gedanken Ihres inneren Antreibers auf. Die daraus resultierenden Gefühle und Handlungen werden aufgedeckt. Das hilft Ihnen, „Fehler im System" zu bemerken und zu verändern. Damit reduzieren Sie letztlich Ihren Stress.

Solcherlei verinnerlichte Vorgänge lassen sich nicht von heute auf morgen abstellen, völlig klar. Achtsamkeit kann man üben. Lassen Sie uns darum bei der nächsten Übung ein wenig mehr nach innen gehen:

Aktiv

Halten Sie mehrfach am Tag inne. Spüren Sie, wie beide Beine fest auf dem Boden stehen. Werden Sie den Fluss Ihres Atems gewahr. Fühlen Sie Ihren Nacken und Ihre Schultern. Sind Ihre Muskeln entspannt oder die Schultern nach oben gezogen? Wie empfinden Sie Ihren Bauch? Lenken Sie Ihre Aufmerksamkeit auf verschiedene Stellen Ihres Körpers. Nehmen Sie alles so wahr, wie es ist, ohne dass Sie irgendetwas an Ihrer Haltung ändern müssen. Spüren Sie für diesen Augenblick einfach Ihre Existenz.

Diese Übung lässt sich beinahe überall praktizieren, egal ob Sie auf den Bus warten, kurze Zeit im Büro alleine oder zuhause sind. Sie können dabei nichts falsch machen. Der Zweck dieser Achtsamkeitsübung ist, Ihre Sinne auf Ihre physische Befindlichkeit zu lenken. Das klappt am besten, wenn sich der Körper in einem Ruhezustand befindet. Eine Fahrt mit dem Aufzug oder als Beifahrer im Auto würden Sie neben dem eigenen Körperbewusstsein auch noch die äußeren Einflüsse der Bewegung aufnehmen. Das erschwert die Achtsamkeit.

Führen Sie die Übung sooft durch, wie es geht. Je häufiger Sie Ihren Körper wahrnehmen, desto besser. Er ist Ihr Freund. Ihre Verbindung wird mit jedem Treffen enger und vertrauter. Sicher bemerken Sie recht schnell Unterschiede in Ihrer Tagesform. Möglicherweise erkennen Sie Stress-reaktionen, wie muskuläre Anspannungen, schnellen Herzschlag oder Verkrampfungen im Bauch plötzlich viel früher als sonst. Damit haben Sie es in der Hand, Ihren inneren Antreiber bei-zeiten zu erkennen. Sie stoppen seinen Automa-tismus, weil Sie ihm zuvorkommen.

Nehmen wir ein Beispiel:
Sie arbeiten einen Nachmittag lang sehr kon-zentriert. Je weiter der Tag fortschreitet und sich dem Feierabend nähert, desto mehr spüren Sie durch Ihre geschulte Achtsamkeit, wie sich Ihre Schultern verkrampfen. Ohne Achtsamkeitsübun-gen wäre Ihnen vielleicht diese Anspannung erst aufgefallen, wenn sich ein Kopfschmerz einge-stellt hätte.

Sie wissen, dass Ihr innerer Antreiber zu den Perfektionisten gehört. Eine Stimme in Ihrem Inneren flüstert Ihnen ein, dass Ihr Arbeitsergeb-nis noch nicht in Ordnung ist, dass Sie noch ein-mal alles überprüfen sollten. Die Zeit läuft Ihnen davon. Bevor nun, wie früher, der innere Antrei-ber mit voller Macht zuschlägt, Ihnen die schrecklichen Konsequenzen aus Ihrer „mangelnden" Vollkommenheit vor Augen führt, haben Sie die Möglichkeit, ihn zu stoppen. Damit stoppen Sie auch in hohem Maße den Stress.

Sagen Sie Ihrem inneren Antreiber, dass Sie ihn identifiziert haben. Machen Sie sich klar, dass Sie ganz genau wissen, wie gut Sie Ihre Aufgabe erledigt haben. Das genügt. Katastrophen sind nicht zu erwarten.

14. ... UND JETZT?

Ist es an Ihnen.

Die Arbeit mit dem inneren Antreiber ist nie abgeschlossen. Er ist ein wertvoller Teil Ihres Selbst und gehört darum zu Ihnen, wie Ihre Augenfarbe. Er ist mit Ihnen vom Kind zum Erwachsenen geworden. Haben Sie darum Geduld mit sich, wenn er immer wieder aus verborgenen Ecken erscheint und Sie in eine Richtung schubst, die Ihnen nicht gefällt. Im Grunde möchte er Ihr Bestes. Sie als verantwortungsvoller Erwachsener können darüber bestimmen, ob seine Ansichten wirklich in Ihrem Sinne sind.

Eines sollten Sie jedoch nicht vergessen. Ganz ohne Stress zu leben, funktioniert nicht. Nur ein gesundes Maß an Belastung bringt uns weiter.

Ich wünsche Ihnen viel Erfolg

Fragebogen – Stressverstärker

Bitte notieren Sie auf einem Blatt, welche Aussagen Ihrer Meinung nach am ehesten auf Sie zutreffen.

1. Andere sollen sich in meiner Gegenwart wohl fühlen.
2. Spielereien liegen mir nicht.
3. Was ich nicht kann, kann ich lernen.
4. Meine Arbeit kontrolliere ich genau, bevor ich sie abgebe.
5. Wenn ich eine Meinung äußere, begründe ich sie auch.
6. Wenn ich konzentriert bei einer Sache bin, empfinde ich Unterbrechungen sehr störend.
7. Man muss hart arbeiten, um es zu etwas zu bringen.
8. Diskussionen machen mich nervös.
9. Ich höre gerne Musik bei der Arbeit.
10. Leute, die herumtrödeln, regen mich auf.
11. Ich nehme gerne in Kauf, mehr zu arbeiten, wenn ich meinem Kollegen damit behilflich sein kann.
12. Ich mache meine Arbeit immer gründlich.
13. Was ich anfange, bringe ich auch zu Ende.
14. Mich wirft nichts aus der Bahn.
15. Ich mag es, wenn jemand gut strukturiert ist.
16. Schludrige Menschen mag ich nicht.
17. Ich bin fast ständig in Bewegung.
18. Privat ist mir Behaglichkeit sehr wichtig.

19. Mir fällt vieles schwerer als anderen.
20. Ich trommle oft mit den Fingern auf dem Tisch.
21. Was ich nicht kann, kann ich lernen.
22. Dass manche Menschen keine Ziele haben, verstehe ich nicht.
23. Mit fällt es schwer, andere zu kritisieren.
24. Es ist gut, wenn man die Erwartungen anderer noch übertrifft.
25. Man muss hart arbeiten, um es zu etwas zu bringen.
26. Harte Schale, weicher Kern – dieser Satz gefällt mir.
27. Es ist wichtig, von andern akzeptiert zu werden.
28. Nur wer sich bemüht, hat auch Erfolge.
29. Ich bin ein kreativer Mensch.
30. Ich bevorzuge kurze, treffende Antworten.
31. Flüchtigkeitsfehler sind unnötig.
32. Ich mag es nicht, andern Anweisungen zu geben.
33. Wenn ich zu viel von mir preisgebe, könnten mich andere verletzen.
34. Ich mache oft mehrere Dinge gleichzeitig.
35. Ich bin abends immer sehr erschöpft.
36. Aufgeben kommt für mich nicht in Frage.
37. Meine Arbeit kontrolliere ich, bevor ich sie abgebe.
38. Ich bin sehr diplomatisch.
39. Wenn man erst einmal damit beginnt,

nachlässig zu werden, öffnet man dem Chaos Tür und Tor.

Bitte addieren Sie jetzt jeweils die Anzahl Ihrer Ja's der folgenden Fragen:

Sei perfekt
12 / 15 / 16 / 31 / 37 / 39 = __ mal ja
Mach es den andern recht
1 / 11 / 23 / 27 / 32 / 38 = __ mal ja
Sei stark
2 / 14 / 25 / 26 / 33 / 36 = __ mal ja
Sei schnell
8 / 10 / 17 / 20 / 30 / 34 = __ mal ja
Streng dich an
3 / 7 / 13 / 19 / 22 / 28 = __ mal ja

Anhand der Ergebnisse sehen Sie, welcher innere Antreiber bei Ihnen persönlich am deutlichsten die Peitsche schwingt.

Quellen:

---

i Paul Watzlawick: Anleitung zum Unglücklichsein, Piper Taschenbuch,1988

ii Walach, H., Rose, N., Buttenmüller, V., Kleinknecht, N., Grossmann, P. & Schmidt, S (2009). Empirische Erfassung der Achtsamkeit – Die Konstruktion des Freiburger Fragebogens zur Achtsamkeit (FFA) und weitere Validierungsstudien. In: Heidenreich, T. & Michalak, J. Achtsamkeit und Akzeptanz in der Psychotherapie. Ein Handbuch. Tübingen: dgvt-Verlag.